À Ali Rebeihi,

Pourquoi s'emmurer ?

une question pour notre 21e siècle,

Bien à vous,

DU MÊME AUTEUR

L'Obsession du mur : politique de militarisation des frontières en Israël et aux États-Unis, Peter Lang, 2020.

Damien Simonneau

Pourquoi s'emmurer ?

Essai sur une frénésie planétaire

Stock

Couverture © Bureau Jany

ISBN 978-2-234-09479-6

Prologue

La tête contre le mur

« Pourquoi murer une frontière ? Pourquoi s'emmurer ? »

Ces deux questions m'accompagnent depuis quinze ans. Plus précisément depuis qu'en juillet 2009, alors que j'étais étudiant, j'ai observé en Cisjordanie deux jeunes soldats israéliens contrôler un Palestinien à un *checkpoint* près de Tulkarem, le long du mur grillagé. Cet homme âgé allait travailler sur ses terres situées entre le mur et la Ligne verte, qui démarque Israël des Territoires palestiniens. Le contrôle des documents, la fouille systématique des sacs et de la charrette traînée par un âne, puis du paysan lui-même, m'étaient apparus à la fois surréalistes, révoltants et intrigants. Cette scène avait surtout touché une corde sensible. J'imaginai mon propre grand-père, lui aussi agriculteur, entravé par un soldat dans l'accès à ses champs en

Vendée, les champs de son propre père. Comment était-ce possible, justifiable ? Pourquoi ?

Cette émotion a été le point de départ de mon itinéraire scientifique : celui de trouver un sens au blindage contemporain des frontières, autrement dit analyser la multiplication de ce qu'on nomme les « murs » contemporains. Ces murs, ce sont l'ensemble des obstacles et des contrôles des mobilités humaines vers un territoire, accompagnés d'un discours de séparation. Pour cela, j'ai dû prendre au sérieux ceux et celles qui militent pour la construction de murs et en tirent profit, tout comme ceux et celles qui les contestent avec virulence. J'ai appris à débiaiser mon regard, à écouter des enquêtés avec lesquels je n'avais pas d'affinités politiques et à critiquer ceux dont je partageais les opinions sur le contrôle migratoire. C'est ainsi que cet élan né d'une indignation a laissé la place à une critique plus méthodique des murs dressés aux frontières, tant sur le plan des injustices qu'ils produisent que sur les idéologies de repli et d'enfermement sur lesquelles ils prolifèrent. Comprendre pourquoi les États érigent des murs implique en effet d'aller voir ce qui se passe « derrière le mur » : c'est-à-dire étudier ce qui préside à ces décisions politiques, mesurer la réalité des dangers que les pro-mur disent vouloir enrayer tout en faisant la lumière sur les peurs de l'Autre et les fantasmes d'invasion à la racine de ces discours. C'est ma manière d'être constamment « la tête contre le mur ».

Ma première rencontre avec un mur, je l'ai dit, a eu lieu dans l'espace israélo-palestinien. Pour un étudiant en science politique, cet endroit n'a rien d'anodin. Tout y est saillant : la violence et la guerre, les nationalismes, le rapport au territoire, la quête de justice et d'égalité, les différences ethniques et religieuses, la séparation et l'entrelacement des populations. J'ai commencé à comprendre ce qu'on peut appeler la *politique du mur* dans ce contexte bien particulier. Plus tard, il est devenu nécessaire pour moi de diversifier mes entrées sur ce sujet en allant voir ce qui se tramait à la frontière entre l'Arizona et le Mexique, puis du côté de la France et de la Belgique, où je me suis intéressé aux associations de défense des droits des personnes en migration et aux douaniers belges et français qui se préparaient au Brexit. Enfin, puisqu'une des questions récurrentes posées par les murs est celle de la sécurité frontalière, je me suis attaché à étudier l'ingénierie militaire qui s'exporte d'une frontière à une autre. Ce parcours de recherche s'inscrit dans un champ scientifique particulièrement dynamique. Nous sommes nombreux et nombreuses en sciences sociales à nous poser la question du degré de fermeture des frontières dans notre monde, du pourquoi elles font l'objet de tant d'attention politique aujourd'hui et ce qu'elles nous disent de l'évolution du système international. À la différence de ceux et celles qui vivent au pied du mur, j'ai eu le luxe de m'éloigner du sujet, de le détester, d'y revenir et de m'enflammer à nouveau. Loin des situations dramatiques qui se jouent le long des frontières, j'ai aussi pu mesurer année après année à quel point le mur attise, ici en France, la curiosité de tout un chacun avec toujours cette même interrogation : « Pourquoi murer une frontière ? » J'ai pu partager mon analyse à des publics divers, susciter l'intérêt, répondre à des questions (des plus pointues aux plus évidentes), nourrir des indignations peut-être, contribuer à lutter contre l'oubli de ces situations murées. Ce livre poursuit cette mission. Il ambitionne de fournir des réponses à cette interrogation à partir des sciences sociales. En quelque sorte, il est pour moi une façon de « ranger » ce que je sais et ce que je veux dire de la militarisation des frontières.

En 2009, quand j'ai débuté mes recherches, le mur israélien paraissait exceptionnel et lointain. Quinze ans plus tard, les frontières murées se sont rapprochées de nos expériences françaises et européennes. Elles se sont banalisées partout. À l'heure où nous prenons conscience du poids de la guerre et de ses conséquences, murer une frontière semble pour beaucoup de nos concitoyens relever de l'évidence. En effet, on peut voir dans la fermeture des frontières et la construction de murs une solution face à l'irruption de la violence. Pourtant, en tant que politiste, je n'ai de cesse d'expliquer que les décisions de murer les frontières, que ce soit en Israël, aux États-Unis, en Inde, en Hongrie ou en Finlande, sont issues d'intérêts sécuritaires, politiques et économiques intentionnels. Je rappelle également que des alternatives à la fermeture des frontières existent – qu'elles soient seulement formulées ou déjà mises en œuvre – et que le mur ne contribue pas durablement à pacifier les relations entre communautés politiques, malgré ce que les pro-mur professent. L'éloignement, la violence et l'incompréhension entre les peuples méritent mieux que des murs, qui ne sont que le résultat de slogans politiques creux.

En vérité, il n'existe pas de réponse toute faite à la question « Pourquoi murer une frontière ? ». Se cogner la tête contre les murs contemporains permet néanmoins de s'interroger sur les tensions de notre monde, sur ce que nous attendons de l'État et sur l'évolution de nos sociétés. Parler des murs, c'est aborder beaucoup d'autres sujets, éloignés du seul contrôle des mobilités humaines. En d'autres termes, c'est surtout se demander : « Pourquoi s'emmurer soi-même ? »

Cet essai doit beaucoup aux échanges noués dans le cadre d'un cours de « sécurité frontalière » donné aux étudiants de Sciences Po Bordeaux ces dernières années. Par conséquent, il leur est dédié, ainsi qu'à toutes les promotions de lycéens et d'étudiants confinés de 2020 et de 2021. Que les frontières s'ouvrent pour eux et elles ! Que cet essai leur permette de terrasser les nationalismes étroits et les simplifications ambiantes ! Plus largement, cet essai est dédié aux voyages de jeunesse, ceux qui décentrent, qui remuent et qui amènent inévitablement à voir plus loin, à voir au-delà d'un horizon muré.

Introduction

La politique du mur

« Il y a en Europe [...] la montée d'une idéologie de repli et de fermeture, qui se répand et gagne continûment du terrain dans des pays jusqu'ici démocratiques. Fondée sur l'exclusion des étrangers et des immigrés, l'abandon des économiquement faibles, sur la surveillance du corps des femmes, elle m'impose, à moi, comme à tous ceux pour qui la valeur d'un être humain est la même, toujours et partout, un devoir d'extrême vigilance. »

Discours d'Annie Ernaux à Stockholm,
réception du prix Nobel de littérature,
7 décembre 2022.

L'idée est simple : des envahisseurs sanguinaires sont à nos portes, des gardiens vaillants sont là pour les repousser, un mur imparable est érigé pour nous protéger. George R. R. Martin, auteur des romans adaptés à l'écran depuis 2011 sous le nom de *Game of Thrones*, file à merveille la métaphore. La tension dramatique de la série repose sur ce frisson de l'invasion, sur la bataille qui inéluctablement va se jouer avec les « marcheurs blancs » et sur l'effondrement de la civilisation humaine s'ils l'emportent. Le « Mur du Nord » y tient donc une place centrale. Il souligne le danger en même temps qu'il protège. Il s'accompagne aussi d'un interdit : le franchir, dans un sens comme dans l'autre, car l'autre côté fait peur autant qu'il fascine. C'est le dilemme du personnage de Jon Snow, le héros de la série. Les productions culturelles, littéraires ou cinématographiques regorgent de cet imaginaire romanesque de nos frontières. George R. R. Martin estime même que c'est la muraille érigée par l'empereur romain Hadrien au nord de l'Angleterre autour de 120 après Jésus-Christ qui lui a inspiré l'idée du « Mur du Nord ». Cette fascination interroge à une époque où le récit des « invasions barbares » et du mur qui protège a du plomb dans l'aile : les historiens et les archéologues ont démontré que lesdites « invasions barbares » de la fin de l'Antiquité ont plutôt été des migrations par mouvements lents sur plusieurs siècles, tantôt pacifiques ou violents, d'un nombre limité de populations. Quant aux murailles romaines, les *limes*, elles filtraient plus qu'elles ne repoussaient… L'armée romaine a longtemps incorporé les « barbares » et la population européenne du début du Moyen Âge est métissée, les cultures de ces peuples ayant fusionné avec la culture gallo-romaine. L'efficacité des murs à repousser les envahisseurs est donc largement mythifiée. Leur porosité est facilement démontrable. Ils sont contournés de mille manières, tant au cinéma que dans l'histoire.

Pourtant, au XXIe siècle, ériger un mur frontalier a du sens dans de nombreuses sociétés et pour de nombreux citoyens, responsables politiques, militaires et policiers. À l'heure du traçage numérisé des mobilités, mais aussi à celle de l'invasion russe de l'Ukraine, la militarisation de nos frontières est bien réelle. À différents endroits du monde, on la justifie par la peur d'une invasion ennemie. On augmente les budgets militaires. On déploie des policiers, des soldats, des navires de guerre. On installe des obstacles et du barbelé, des postes de contrôle et des technologies de pointe dans les zones frontalières. Parfois, même, on va jusqu'à aplanir les collines pour les hérisser de barrières. Le mur ainsi s'érige. Et depuis dix ans, les États en construisent de plus en plus, réduisant la frontière à une ligne de front et le voisin à un ennemi. Un exemple éloquent et récent est celui de la Finlande qui, en octobre 2022, a décidé d'équiper de clôtures grillagées 200 de ses 1 300 kilomètres de frontière avec la Russie, pour un budget de 300 millions d'euros.

Parallèlement, les points de passages terrestres et maritimes vers la Russie ont été fermés. Face à l'invasion russe de l'Ukraine, le gouvernement finlandais a réveillé le traumatisme de la « guerre d'hiver » de 1939-1940, lorsque l'armée soviétique avait envahi le pays. Le mur est ici comme ailleurs le signe d'une rupture de confiance entre États voisins et d'une peur de l'instrumentalisation des migrations à des fins belliqueuses. En novembre 2023, 900 demandeurs d'asile du Kenya, du Pakistan, de Somalie et du Yémen avaient été poussés par Moscou vers la Finlande. Le procédé est connu. Il a déjà été employé dans la région à l'été 2021 quand les autorités biélorusses ont organisé un passage migratoire depuis le Moyen-Orient de 15 000 personnes vers la Pologne et la Lituanie dans le but, à peine voilé, de déstabiliser l'Union européenne. Pour autant, si les clôtures grillagées peuvent améliorer le travail des policiers aux frontières dans leur patrouille contre la migration non autorisée et contrôler les mobilités des Russes, elles risquent de favoriser la traversée clandestine par les forêts et de mettre en danger ceux et celles en migration. Ce mur va aussi à l'encontre de l'intégration économique des zones transfrontalières finlando-russes, dont les autorités locales ont été peu concertées. Enfin, on peut mettre en doute la capacité de tels grillages à empêcher une éventuelle invasion de chars russes…

Nous vivons dans un monde emmuré où le blindage des frontières est la norme plus que l'exception. Ces deux dernières décennies, de nombreux États ont décidé de militariser leurs frontières au moyen de ce que la langue française nomme communément un « mur ». Toutefois, ce terme est trompeur. Derrière cette dénomination courante, on trouve des formes distinctes, désignées de manière différente selon les langues et les pays : « mur », « barrière », « clôture », « infrastructure », « interface », etc. Dans chacun des cas, la dénomination est controversée, à commencer par le terrain israélo-palestinien, emblématique des murs du XXIe siècle. Pour les Palestiniens, le « *jidar al-fasl al-unsuri* », ou « mur de ségrégation » en arabe, est un outil supplémentaire d'occupation militaire israélienne qui les oblige à passer quotidiennement par des *checkpoints.* Pour les Israéliens, la « *gader ha bitakhon* », ou « barrière de sécurité » en hébreu, offre une image rassurante de leur capacité à tenir à distance une population palestinienne considérée comme dangereuse.

Le mur existe donc à la fois dans les têtes, par les représentations qu'on s'en fait, et sur le terrain, de manière tangible et brutale. Les géographes savent les comptabiliser, les cartographier et les catégoriser en fonction de leur coût, de leur degré de sophistication technologique mais aussi des finalités professées dans les discours officiels : ici délimiter une zone de cessez-le-feu entre deux armées (Corées, Chypre, Sahara occidental, Géorgie, Cachemire), là empêcher l'intrusion de potentiels combattants (Turquie, Israël, Inde, Arabie saoudite, Pakistan), ou lutter contre l'immigration dite « clandestine » (Pologne, Hongrie, Espagne, France, Grèce, Inde) et la contrebande d'armes ou de drogue (États-Unis, Chine/Birmanie). Certains murs sont situés en zone de guerre, sur des territoires contestés, d'autres entre deux États en paix. Certains se limitent à des grillages barbelés (Botswana) ou des blocs de béton (Jérusalem/Bethléem), d'autres à des déploiements de technologies « virtuelles » (Union européenne) ou d'importantes patrouilles maritimes (Australie). Ces dernières années furent prolifiques pour les murs : la Pologne équipe sa frontière avec la Biélorussie et avec l'enclave russe de Kaliningrad, le mur israélien célèbre ses vingt ans et s'agrandit au large de Gaza en décembre 2021, avant d'être ébréché par les bulldozers du Hamas le 7 octobre 2023, le Texas tente de combler les trous du « mur de Trump » avec des fils barbelés flottants sur le Rio Grande notamment, la Turquie renforce sa frontière iranienne, la Grèce double son mur à sa frontière turque et prévoit un « mur automatisé » avec la Macédoine du Nord et l'Albanie, l'Inde de Modi annonce vouloir murer sa frontière avec la Birmanie, et l'Iran celle avec l'Afghanistan… En tout, la géographe Élisabeth

Vallet dénombrait 74 murs en 2022[1], contre une douzaine au sortir de la guerre froide et cinq après la Seconde Guerre mondiale.

Mais se focaliser sur l'aspect palpable, immédiatement visible des murs peut faire oublier qu'ils s'inscrivent dans des dispositifs de sécurité complexes comprenant également des postes de contrôle, des technologies diverses, des prisons et des centres d'enfermement, des pratiques de contrôle, des lois, procédures et règlements régissant l'accès à un territoire mais aussi des discours et des représentations politiques le justifiant. À ce titre, il y a donc lieu de parler avec Évelyne Ritaine de « politique du Mur[2] ». À la fois infrastructures, règlements et pratiques, les murs contemporains ont pour dénominateur commun leur fonction d'obstacle et de contrôle des mobilités humaines vers un territoire, légitimée par un discours politique de séparation. Presque partout ils sont issus de décisions unilatérales et révèlent les tensions de notre monde, dans toutes leurs asymétries.

Mécaniquement, la politique du mur réduit les frontières à un obstacle. Mais cette vision est trop

1. Élisabeth Vallet, « The World Is Witnessing a Rapid Proliferation of Border Walls », Migration Policy Institute, 2 mars 2022, https://www.migrationpolicy.org/article/rapid-proliferation-number-border-walls.

2. Évelyne Ritaine, « La barrière et le *checkpoint* : mise en politique de l'asymétrie », *Cultures & Conflits*, vol. 73, n° 1, 2009, pp. 15-33.

simplificatrice et ne suffit pas à comprendre leur fonctionnement. Le phénomène des murs permet d'interroger à nouveaux frais les formes et fonctions des frontières dans notre monde globalisé[1]. Lorsqu'on pense à une frontière, une image courante vient aussitôt à l'esprit : une mappemonde, divisée en des ensembles contigus de couleurs différentes et accrochées dans une salle de classe ou dans une chambre d'enfant. Une définition sommaire dérive de cette image : la frontière serait la ligne géographique stable, organisant le monde structuré autour d'entités politiques égales et souveraines, les États. La frontière délimite un État tout en le reliant à un autre.

L'État comme autorité politique dominante est issu de la modernité européenne du XVIIe siècle. Il s'est par la suite diffusé à travers le monde à la faveur de la colonisation européenne. C'est majoritairement dans ce cadre que s'effectua la décolonisation après 1945 en Asie et en Afrique notamment. Les États nouvellement indépendants conservèrent les frontières héritées. L'Organisation de l'unité africaine s'engagea même en 1964 à respecter le principe d'intangibilité de ces frontières pour régler, le plus pacifiquement possible, les contestations territoriales.

1. Denis Duez et Damien Simonneau, « Repenser la notion de frontière aujourd'hui : du droit à la sociologie », *Droit et société*, vol. 98, n° 1, 2018, pp. 37-52.

Les frontières ne sont pourtant pas que des « lignes dans le sable », comme on a pu le dire au moment du traçage des frontières moyen-orientales et africaines. La frontière a autant comme rôle la délimitation territoriale entre États qu'entre groupes humains. Elle correspond à un processus social et politique complexe caractérisé par une dimension spatiale certes, mais aussi symbolique. Pour reprendre les termes du sociologue Georg Simmel, la frontière est « un fait sociologique qui prend une forme spatiale[1] ». Elle se retrouve partout, jusque dans les corps et dans les expériences quotidiennes et individuelles sur l'identité collective, l'appartenance aux communautés politiques, dans les rapports de classe, de race et de genre. L'entretien de frontières physiques comme sociales est au cœur des débats sur les formes de ségrégation urbaine, de gentrification ou encore de lutte contre les inégalités économiques.

Selon cette définition à la fois matérielle et symbolique des frontières, ce qui importe dans une politique frontalière n'est pas tant où est tracée la ligne ni même qui sont les entités qu'elle sépare, mais sa construction, son renforcement, son entretien, son déplacement ou son effacement. Dès lors, la frontière doit être comprise comme une dynamique. Les frontières ne font pas que se

1. Georg Simmel, *Sociologie : études sur les formes de la socialisation*, traduit de l'allemand par Lilyane Deroche-Gurcel et Sybille Muller, Paris, PUF, 1999, p. 607.

fermer : elles se ferment et s'ouvrent en même temps. Cela vaut également pour les murs contemporains. Depuis la fin de la guerre froide, le développement économique et technologique et les échanges commerciaux ont réduit les distances et augmenté les communications et interdépendances d'une société à une autre. Certains évoquaient même dans les années 1990 l'idée d'un « monde sans frontières » qui se caractériserait d'abord par des « flux » humains, marchands, financiers et de communication et non par des relations entre États. En effet, certaines régions comme l'Union européenne ou l'Amérique du Nord ont opté pour des formes d'intégration économique poussée, tendant à effacer les frontières étatiques ou provoquant des débats sur leur degré d'ouverture et de fermeture. Parallèlement, des États ont décidé de renforcer leur frontière en y érigeant des murs. Selon la philosophe Wendy Brown, les murs réactiveraient la symbolique de la souveraineté étatique dans un monde caractérisé par le fait transnational[1]. De sorte que, si les frontières militarisées permettent de réaffirmer l'idée d'une communauté politique exclusive, elles révèlent aussi en creux l'affaiblissement des États sur la scène internationale et leur difficulté à réguler la

1. Wendy Brown, *Murs : les murs de séparation et le déclin de la souveraineté étatique*, traduit de l'anglais (États-Unis) par Nicolas Vieillescazes, Paris, Les Prairies ordinaires, 2009.

mondialisation. Autrement dit, en investissant massivement dans le marquage des frontières et la militarisation, les États cherchent à montrer leur pertinence dans le monde globalisé. Mais il ne faut pas y voir qu'un paradoxe : les murs peuvent surgir dans des zones intégrées économiquement. Le cas de la frontière entre les États-Unis et le Mexique est à ce titre caractéristique. Les États-Unis la militarisent depuis la fin des années 1980 au nom de la lutte contre la drogue, l'immigration non autorisée puis le terrorisme. Parallèlement, ils signent avec le Mexique et le Canada des accords de libre-échange – l'ALENA, en 1994 – dans l'espoir d'intensifier les investissements et échanges financiers et commerciaux. Murer la frontière permet d'agir sur un registre symbolique à destination des communautés politiques emmurées tout autant que sur un registre matériel en organisant le tri des flux de la mondialisation.

Il est donc difficile de répondre simplement à la question « Pourquoi les États s'emmurent-ils ? ». Certes, la politique du mur correspond à une action de défense, de sécurité, c'est-à-dire à un acte de souveraineté d'un État sur son territoire. Néanmoins ces politiques de sécurité nationale entrent en compétition avec les flux économiques et commerciaux, les cultures partagées des deux côtés d'une frontière, les relations politiques locales et les mesures de sécurité mises en œuvre par d'autres niveaux de gouvernement. La fabrique de ces politiques est le fruit de controverses et de rapports de forces sur la manière de filtrer les circulations transfrontalières, qu'il s'agisse d'êtres humains (touristes, migrants, combattants), de marchandises (licites et illicites), de données numériques et d'informations, de capitaux, voire de virus et de maladies. Deux exemples. Lorsqu'en mars 2019, face à une augmentation de l'arrivée de migrants ou de demandeurs d'asile à la frontière mexicaine, Donald Trump menace de fermer la frontière, les acteurs commerciaux tant locaux (dans la région frontalière d'El Paso au Texas) que nationaux (la Chambre du commerce des États-Unis) se mobilisent publiquement pour contester cette décision, attentatoire à leurs intérêts. Ils parviennent à faire reculer le Président. Le même enjeu a été au cœur des débats pendant la pandémie de Covid-19 en 2020 : quel type de contrôle des mobilités choisir pour enrayer la pandémie, à quelle échelle territoriale ? Si le réflexe majoritaire a été d'imposer des restrictions de mobilité aux frontières nationales, cette solution n'était pas préconisée par l'Organisation mondiale de la santé. Cette dernière insistait plutôt sur la mise en place de systèmes de dépistage, de suivi et d'isolement des personnes infectées ainsi que le respect de gestes individuels de protection afin de proportionner les restrictions avec le maintien d'une activité commerciale essentielle pour les économies confinées. Les politiques du mur doivent donc être définies comme un ensemble de « solutions[1] » légales et techniques qui visent surtout à trier les humains et les marchandises. Ce filtre s'effectue de plus en plus via des technologies de pointe qui sont déployées en une multitude de lieux de contrôle, parfois loin de la ligne frontière ou par un agent administratif derrière son ordinateur. La détermination de ce filtre est aussi le reflet des luttes entre experts policiers et militaires, fonctionnaires et professionnels de la politique pour imposer leurs pratiques de sécurité et leurs visions du monde.

Alors, qu'est-ce qu'un « mur » concrètement ? Pourquoi un État décide-t-il unilatéralement de murer son voisin et de s'emmurer lui-même ? Est-ce « efficace » ? Qui arrête-t-il réellement ? Quelles sont les conséquences de ces murs ? Peut-on vraiment s'en passer et ouvrir les frontières ? Est-ce bien réaliste dans notre monde instable ? Le mur se situe au croisement de plusieurs logiques, qui seront dépliées une à une dans ce livre. Dans un premier chapitre, le mur est d'abord décrit comme un outil militaire déployé selon des stratégies de défense du territoire. Il s'inscrit dans un décor frontalier militarisé où se rencontrent patrouilleurs, patrouillés et

1. Karine Côté-Boucher, Federica Infantino et Mark B. Salter, « Border Security as Practice: an Agenda for Research », *Security Dialogue*, vol. 45, n° 3, pp. 195-208.

morts. Sa construction repose sur une ingénierie militaire, dont l'histoire s'étend des murs d'autrefois à ceux d'aujourd'hui. À ce titre, le recours aux murs est constamment débattu par les professionnels de la sécurité. Des doutes existent sur son efficacité, notamment en comparaison de technologies dites « virtuelles ». C'est pourquoi le mur apparaît, dans le deuxième chapitre, comme un ensemble de technologies de pointe (biométrie, drones, radars, capteurs) qui s'exportent d'une frontière à une autre sur un marché mondialisé. Certains États se constituent même en modèles de sécurité frontalière dans le but d'exporter et de monnayer leur savoir-faire au reste du monde. Les murs ne doivent cependant pas être réduits à des barrières. Leur existence n'est rien sans celle de leur corollaire : le *checkpoint*. Dans le troisième chapitre, le mur est donc défini comme un filtre des circulations jugées tantôt « désirables », tantôt « indésirables ». Pour cela, le mur entérine une inégalité globale dans la mobilité des individus : il en accélère certaines et fait obstacle à d'autres. La capacité du mur à trier et à exclure les migrants non autorisés s'inscrit dans un spectacle politique, une promesse qui occupe une place importante dans l'agenda électoral de nombre de gouvernements ou de candidats au pouvoir. C'est l'objet du chapitre quatre. Ce spectacle joue sur les peurs, les émotions et les fantasmes d'« invasion migratoire », de sorte qu'il touche au cœur de l'usage symbolique des frontières, lesquelles servent à définir qui appartient ou non aux communautés politiques emmurées – enjeu symbolique expliquant l'usage de discours et de mises en scène fortement médiatisés. Le dernier chapitre fait le tour du mur en donnant le point de vue de ceux et celles qui en contestent les conséquences mortifères, diplomatiques ou attentatoires aux droits et aux processus de délibération démocratique. Ces acteurs humanitaires, juristes, citoyens et artistes qui réclament d'autres politiques frontalières et migratoires sont parties prenantes de la politique du mur. Ainsi, la compréhension du phénomène (« Pourquoi murer son voisin ? ») apparaît intimement liée à sa lecture critique (« Pourquoi s'emmurer soi-même ? »). Le mur se veut constituer une réponse à des dangers globaux (guerres, migration, pandémie, contrebande) mais parle tout autant des sociétés qui le bâtissent, surtout de leurs dilemmes entre volonté de contrôler et de favoriser les circulations transfrontalières. Le mur est synonyme d'échecs politiques : échec à pacifier les relations internationales, échec à aborder de manière multilatérale ces enjeux globaux qui dépassent le cadre d'un seul État, échec de l'État à formuler des cadres démocratiques pour aborder ces enjeux.

Le propos de ce livre est bien de prendre à bras-le-corps la conception que nos frontières seraient des « passoires » à colmater, si possible par un mur. Face à cette affirmation simpliste, maintes fois répétée, je veux rappeler que les murs n'ont rien d'inéluctable, que l'emmurement est controversé partout. Il est issu de choix politiques, qui financent des pratiques concrètes de défense et de sécurité, exploitent un imaginaire fondé sur la peur et le rejet de l'Autre, et consacrent le rôle défensif de l'État face à des ingérences étrangères hostiles. Pour le dire simplement : les murs sont coûteux, largement inefficaces dans leur fonction de contrôle des mobilités et attentatoires aux droits des individus. Les processus de décision politique les orchestrant sont biaisés au profit d'intérêts professionnels policiers et militaires, d'intérêts industriels et d'intérêts politiques à court terme qui agitent les peurs liées à la migration et à la mondialisation. Le mur ne peut donc se comprendre comme une tentative seule de défense contre une « invasion ». Au contraire, étudier le fonctionnement des murs d'aujourd'hui revient à envisager dans le même temps les formes de protection que les États décident, le filtre des circulations transfrontalières dont dépendent nos sociétés et le rapport que nos sociétés entretiennent avec la guerre et la migration. Par conséquent, l'objectif de cet essai n'est pas d'offrir une typologie des murs dans le monde ni de se concentrer sur les conséquences mortelles, psychologiques, symboliques et politiques de leur érection. Sa démarche n'est pas strictement géopolitique au sens d'étude des rivalités de pouvoir sur un territoire[1]. En cherchant à politiser la question du « Pourquoi s'emmurer ? », ce livre ouvre le champ des possibilités pour penser la relation à l'altérité et au monde autrement que par un mur. Pour faire écho au discours d'Annie Ernaux à la réception du prix Nobel de littérature, il fait œuvre de vigilance face aux idéologies de repli et d'enfermement que les pro-mur diffusent aujourd'hui. J'espère contribuer à envisager d'autres manières de concilier la souveraineté des États, les droits et mobilités des individus, la gestion de la conflictualité et des perceptions des menaces. Une telle perspective sur ce phénomène contient donc une critique[2] de l'imaginaire géopolitique classique, à savoir la concordance entre une administration étatique, un territoire défini et une population homogène. Elle permet également d'interroger la manière dont sont décidées et débattues les politiques de sécurité frontalière et d'immigration. En France, au moment où a été adoptée au forceps avec l'aide d'une extrême-droite conquérante, fin 2023, la 29e réforme migratoire en l'espace de 43 ans, le contrôle généralisé de l'immigration et le renforcement

1. Florian Louis, *Qu'est-ce que la géopolitique ?*, Paris, PUF, 2022.

2. Anne-Laure Amilhat Szary, *Géopolitique des frontières : découper la terre, imposer une vision du monde*, Paris, Le Cavalier Bleu, 2020.

des frontières semblent relever de l'impensé, sans qu'aucun bilan des mesures précédentes ne soit publiquement effectué. Si, au terme de sa lecture, le lecteur trouve des outils pour imaginer d'autres politiques frontalières et migratoires, ainsi que des moyens d'interventions dans le débat public, l'objectif du livre sera atteint.

Chapitre 1

Le mur comme défense

« Cette fois-ci c'est la bonne. Il y a deux ans, ils sont venus étudier le terrain, maintenant, ils arrivent pour de bon. »

Dino Buzzati, *Le Désert des Tartares* [1949], traduit de l'italien par Michel Arnaud, Paris, Pocket, n° 3640, 2004, p. 202.

À l'été 2022, Douglas Ducey, le gouverneur républicain de l'Arizona aux États-Unis, disposait 130 containers de transport commercial à la frontière mexicaine afin de boucher des « trous » dans le mur frontalier. Selon lui, il fallait remédier à l'arrêt du chantier du « mur de Trump » décidé par l'administration de Joe Biden. Comme l'ont fait d'autres gouverneurs républicains ailleurs le long de la frontière, bricoler des murs avec des containers, des voitures ou des barrières en bois permet de mettre en cause le pouvoir fédéral, surtout à l'approche d'élections. Ces obstacles de fortune rappellent les premiers pans de murs du début des années 1990 entre San Diego et Tijuana, qui étaient en réalité des panneaux en tôle recyclés des surplus de l'armée. En Israël également, avant que ne soit décidée la construction d'une portion de la « barrière de sécurité » en 2002, l'armée a fabriqué des protections à partir de blocs de béton, de fenêtres blindées et de paravents placés le long des autoroutes pour lutter contre les tirs palestiniens. Même chose en 2015, quand la Slovénie a installé des barbelés et des « panneaux anti-migrants » sur les 200 kilomètres de sa frontière croate avant que ne soit érigé un ouvrage plus conséquent. Les murs sont d'abord bricolés tant bien que mal sous forme de protections annoncées comme « temporaires », avant d'être sédimentées par un travail d'ingénierie militaire qui les rend systématiques. Le mur doit donc se comprendre avant toute chose comme un outil de protection militaire. Le recours à ces mécanismes de défense ne date pas d'aujourd'hui. L'époque coloniale et la guerre froide ont connu leur lot de barrages militaires. Toutefois, les murs contemporains se singularisent par le fait qu'ils sont le marqueur des États sur des territoires parfois contestés. Ils sont au centre d'un décor composé d'infrastructures militaires certes, mais aussi d'êtres humains, patrouilleurs, patrouillés considérés comme des « indésirables » et de morts. D'ailleurs, l'efficacité des murs à contrôler effectivement un territoire est constamment remise en question.

Petite histoire des murs

Commençons par un historique des murs pour tenter de cerner d'où s'inspirent les barrages militaires de notre époque. On trouve dès l'Antiquité des bornages de territoire et des outils de défense militaire frontaliers. Il existait bien des stèles frontalières en Mésopotamie entre le Tigre et l'Euphrate vers 2 000 avant Jésus-Christ pour délimiter et protéger les zones agricoles sumériennes. Les *limes* sont aussi un modèle connu de bornage de l'Empire romain. Elles consistent en des fortins, des palissades, des tours, des zones tampons construits sur quatre siècles, de Jules César au Ier siècle avant Jésus-Christ, près du lac Léman, jusqu'aux empereurs Hadrien et Antonin, sur 117 kilomètres en Angleterre contre les tribus calédoniennes. Il ne faut pas y voir seulement des murailles défensives, mais plutôt un outil résolument mouvant de régulation des déplacements « barbares », de protection des troupeaux et de lieux d'échanges commerciaux et de taxation[1].

Au Moyen Âge, les murs s'élèvent un peu partout. Au Danemark, le « Danevirke » fut construit entre le VIIe et le IXe siècle contre les incursions des Francs dans la péninsule du Jutland. Dans le sud-ouest du Nigéria actuel, en pleine forêt tropicale, l'Eredo de Sungbo est érigé au IXe siècle,

1. Claude Quétel, *Histoire des murs : une autre histoire des hommes*, Paris, Perrin, coll. Tempus, 2012.

probablement pour unifier les populations d'un même royaume Yoruba. Au Japon, dans la baie de Hakata, le « Genkō bōrui » a été construit au XIIIe siècle sur 20 kilomètres contre les incursions mongoles. Bien entendu, le plus connu de ces murs antiques et médiévaux demeure la Grande Muraille de Chine, dont la construction sur 5 000 kilomètres s'échelonne du premier empereur de Chine unifiée, Qin Shi Huang, en 221 avant Jésus-Christ, jusqu'au XVIe siècle. Il s'agissait à l'époque d'un outil de protection contre les barbares du Nord (Xiongnu) dans l'Antiquité, ou contre Genghis Khan au XIIe siècle, qui pourtant le franchit et installa une dynastie mongole à Pékin. Toutefois, la muraille consistait aussi en un lieu de régulation du commerce, de point d'étape de la route de la soie, tantôt gardée par des garnisons, tantôt délaissée par manque de troupes ou de chevaux. Outil militaire autant que symbole politique et lieu de commerce, le point commun de ces murs d'antan est de servir de démarcations pas nécessairement linéaires, de zones fluctuantes, confins d'empires ou de royaumes. En effet, ces dispositifs du passé ne se superposent pas aux limites clairement définies d'un territoire sur lequel s'exercerait une autorité politique unique. Les murs bornaient des territoires où fonctionnaient plutôt des systèmes de féodalité, comme en Europe ou au Japon, où les liens d'allégeance personnels prévalaient sur l'identification à un territoire déterminé. De plus, l'autorité des empires s'exerce au-delà de la fortification, comme dans le cas des *limes* romains ou de la Grande Muraille de Chine. Force est de constater que ces murs remplissaient déjà plusieurs fonctions, défensives mais aussi commerciales, à l'instar des murs contemporains.

S'ils ne perdent pas complètement cette dimension défensive, les murs d'hier et d'aujourd'hui présentent la spécificité de matérialiser une limite territoriale et d'affirmer une autorité politique, autorité en construction à partir du XVIIe siècle et qui va s'imposer au fil des siècles, à savoir l'État. Si on en suit la définition canonique énoncée par Max Weber, l'État est une « communauté humaine qui, à l'intérieur d'un territoire déterminé [...], revendique pour elle-même et parvient à imposer le monopole de la violence physique légitime[1] ». C'est bien au regard d'une population établie sur un territoire national exclusif de toute autorité politique concurrente et clairement délimité que s'exerce la souveraineté de l'État. L'histoire de l'État moderne est donc liée aux contrôles d'une population (par des documents d'identité, de voyage) dans un espace restreint et à l'entretien de frontières stables. Au XIXe siècle, des politiques d'identification entre « nationaux »

1. Max Weber, *Le Savant et le Politique : une nouvelle traduction* [1919], préface, traduction et notes de Catherine Colliot-Thélène, Paris, La Découverte, 2003, p. 118.

et « étrangers » vont ainsi définir des communautés nationales[1] en référence à ce territoire borné. Ce modèle étatique élaboré depuis une réalité majoritairement européenne s'est diffusé au reste du monde par la colonisation. Il s'est heurté à d'autres formes de relations entre autorité politique et territoire dans d'autres civilisations. En effet, notre cosmogonie occidentale repose sur une série de séparations binaires (intérieur/extérieur, étranger/national), tandis qu'ailleurs, une conception plus dynamique du rapport à l'espace et à l'environnement peut prévaloir. En Afrique, les Européens ont tracé les frontières de leurs colonies en fonction d'expéditions militaires et de traités faisant fi des royaumes et chefferies existants. Les délimitations entre royaumes pouvaient prendre la forme d'espace tampons non clairement revendiqués. Le rapport au territoire y était changeant en fonction de la vie nomade et des activités humaines. En Asie du Sud-Est également, le monde des « États-rizières » s'articulait à celui du nomadisme, plus autonome, des collines. James C. Scott nomme la « Zomia[2] » ces zones montagneuses où se réfugiaient des populations refusant l'autorité des royaumes birmans, thaïs ou

1. Florence Delmotte et Denis Duez (dir.), *Les Frontières et la communauté politique : faire, défaire et penser les frontières*, Bruxelles, Presses de l'Université Saint-Louis, 2016.

2. James C. Scott, *Zomia, ou l'art de ne pas être gouverné* [2009], traduit de l'anglais par Nicolas Guilhot, Frédéric Joly et Olivier Ruchet, Paris, Seuil, 2013.

chinois et des pouvoirs coloniaux européens installés dans les plaines côtières. La Chine aussi a développé une conception fluctuante de ses frontières, terrestres comme maritimes, à coups de poste avancé, d'îlot artificiel, de front pionnier à sa périphérie[1]. C'est toutefois selon des cadres étatiques européens que s'effectueront les décolonisations. Cette association entre souveraineté étatique et frontière fixe est au fondement de l'organisation du système international dans l'après-Seconde Guerre mondiale. Le principe d'intangibilité des frontières a été consacré à la fois au Caire en 1964 par les nouveaux États indépendants d'Afrique et par un arrêt de la Cour internationale de justice en 1986. La construction de murs aux frontières est donc bien aujourd'hui au cœur de l'activité étatique. Il y est question de renforcer la frontière comme ligne de définition nationale. Des thématiques communes y sont associées : respect de la souveraineté, protection d'une identité menacée, centralité de l'État dans le contrôle, lutte contre des menaces extérieures et contre les transgressions de cet ordre étatique.

L'histoire des murs est également celle de l'ingénierie militaire de défense. Cette ingénierie circule dans le temps. Difficile d'en dresser une histoire linéaire tant les contextes géopolitiques

1. Sébastien Colin, *La Chine et ses frontières*, Paris, Armand Colin, 2011.

de déploiement de ces obstacles militaires sont divers. On peut cependant analyser la circulation de techniques d'obstacles précises, comme le barbelé[1]. Apparu dans les plaines agricoles des États-Unis en 1874, le barbelé est d'abord conçu comme un obstacle temporaire et léger pour contenir les troupeaux de l'Ouest américain et pour que les grands propriétaires terriens s'approprient les terres au détriment des Amérindiens et des petits fermiers. Dans la période contemporaine, une histoire des barrages militaires nous fait remonter à la guerre des Boers (1899-1901), en Afrique du Sud, où les Britanniques appliquèrent le barbelé à des fins militaires pour entraver la mobilité des commandos boers. Cette tactique fut reproduite par les Italiens à la frontière égypto-libyenne en 1931, où un obstacle de 270 kilomètres (composé de barbelés, de routes et de forts) empêchait les résistants libyens de se réfugier en Égypte et d'en revenir. À partir de 1956, les militaires français mirent également en place aux frontières de l'Algérie, encore française, des barrages du même type pour interdire le passage de l'Armée de libération nationale (ALN) algérienne depuis le Maroc et la Tunisie. Le long de la frontière tunisienne a par exemple été déployée la « ligne Morice » le 26 juin 1957, composée d'un ensemble d'obstacles d'une

1. Olivier Razac, *Histoire politique du barbelé* [2000], Paris, Flammarion, coll. Champs, 2009.

largeur allant de 100 mètres à parfois plusieurs kilomètres, afin de protéger les axes routiers et ferrés de Bône à Tébessa (côté algérien). Ce barrage avec la Tunisie a été doublé de mars à octobre 1959 d'un second, plus proche encore de la frontière, nommé la « ligne Challe ». Le dispositif a démontré sa pertinence d'un point de vue militaire lors de l'assaut de contingents de l'ALN depuis la Tunisie au cours de la « bataille des frontières » entre janvier et mai 1958[1]. Les espaces entre les barrages et les frontières furent transformés en « zones interdites », dont les habitants étaient regroupés autour des postes militaires ou évacués. Ces exemples de barrages militaires permettent de souligner que ces tactiques de contrôle des populations circulent : des stratégies développées dans des contextes coloniaux se retrouvent plus tard, sur d'autres territoires. C'est le cas des mécanismes d'« état d'urgence » pour contrôler des populations révoltées en Algérie et en Nouvelle-Calédonie, avant d'être appliqués en banlieue française en 2005[2]. Si les techniques de contrôle circulent, il faut aussi voir que la figure de l'ennemi, elle, mute. Il ne s'agit plus pour les murs contemporains de contenir l'« insurgé

1. Pierre Dufour, *Guerre d'Algérie : la bataille des frontières*, Paris, Trésor du Patrimoine, coll. Reportages de guerre, 2004, p. 103.

2. Léopold Lambert, *État d'urgence : une histoire spatiale du continuum colonial français*, Paris, Premiers Matins de Novembre Éditions, 2021.

colonial », mais bien de filtrer aux frontières l'« acteur transnational clandestin[1] ».

Outre les contextes coloniaux, la guerre froide a également généré différentes tactiques d'emmurement des espaces frontaliers. L'affrontement Est/Ouest a été réduit à l'iconique « rideau de fer », véritable zone militarisée au cœur de l'Europe entre 1949 et 1989. S'il était dans la rhétorique soviétique le rempart contre « le monde fasciste », il présentait la spécificité d'empêcher les habitants de quitter le bloc de l'Est, ce qui le dissocie fortement des murs contemporains. Face au départ de millions d'habitants, l'URSS décrète en 1952 des mesures de contrôle sur les lignes de démarcation. Dans les années 1970, le « rideau » se perfectionne au moyen de grillages, de projecteurs, de miradors, d'appareils de détection, d'alarmes et de zones interdites profondes de plusieurs kilomètres. En Allemagne, le rideau est même équipé d'une arme de tir automatique, le SM-70. Le mur de Berlin occupe une place spécifique dans ce dispositif et s'attaque à la perméabilité entre les deux parties de la ville. Entre 1949 et 1961, 2,7 millions de personnes étaient passées à l'Ouest. Dans la nuit du 12 au 13 août 1961, des briques et barbelés sont

1. Peter Andreas, « Redrawing the Line: Borders and Security in the Twenty-First Century », *International Security*, vol. 28, n° 2, 2003, pp. 78-111.

installés, renforcés par un mur en dur à la fin du mois. Ce n'est qu'à partir de 1975 que les blocs de béton grisâtre en L sont installés, accompagnés d'un mur intérieur, d'une clôture métallique, d'un no man's land, d'un chemin de ronde avec des projecteurs et d'une bande de contrôle pour détecter toute trace de pas. Le mur et son perfectionnement deviennent la marque de la République démocratique d'Allemagne (RDA), à tel point qu'en 1989 un « mur high-tech 2000 » est à l'étude. Mais la même année, le 9 novembre, des scènes d'euphorie accompagnent la chute du mur de Berlin, sous les yeux des patrouilleurs aux ordres confus en l'absence de réaction de la part des autorités soviétiques.

La guerre froide a laissé des traces blindées dans d'autres zones du globe, entérinant l'existence de conflits désormais gelés. C'est le cas de la ligne d'armistice de 1953 entre les deux Corées, au niveau du 38e parallèle, sur la base de la ligne de front. Une zone démilitarisée (DMZ) de 4 kilomètres de large, fermée par un mur et jalonnée de postes de garde, a été instituée. Signe de la fossilisation des relations coréennes, la zone est devenue un lieu de tourisme fréquenté et un sanctuaire pour des espèces animales menacées. Il y a d'autres exemples. La ligne verte sur l'île de Chypre est un vestige des tensions gréco-turques des années 1970. En juillet 1974, la Turquie intervient militairement pour renverser les putschistes pro-grecs désireux de rattacher l'île à la Grèce. L'armée turque impose la partition de l'île et installe *de facto* une frontière sur la ligne de cessez-le-feu. Une zone tampon d'une largeur variant de 7 kilomètres à 20 mètres dans la capitale Nicosie, divisée elle aussi, est créée et surveillée par des soldats onusiens. Le mur est aujourd'hui composé de bidons, de sacs de sable, de barbelés et de bâtiments abandonnés. Un autre exemple est le mur dans le Sahara occidental. À partir de 1980, face aux incursions du Front Polisario qui soutient l'indépendance du territoire, le Maroc a entrepris la construction de lignes de remblais de sable sur un total de 2 720 kilomètres, ainsi que de champs de mines, de barbelés, de radars et de points d'appui militaires. Le « mur de sable » s'est depuis converti en outil de lutte contre l'immigration clandestine à destination de l'Europe. Enfin, je pense au mur érigé dans le Cachemire, en Inde, dans les années 1990, proche de la « ligne de contrôle » de 1949 pour enrayer les entrées de militants séparatistes pakistanais. Long de 550 kilomètres, le mur est équipé d'une frise électrifiée, de radars et de capteurs thermiques. Un programme plus récent prévoit la construction d'une nouvelle barrière sur les 2 000 kilomètres de frontière pakistanaise.

Ces murs-cicatrices de la guerre froide continuent de marquer le rapport aux frontières dans de nombreuses régions. Trente ans après, la mémoire de ces frontières murées est encore vive, notamment dans l'espace post-soviétique. Dans le Caucase, en Europe de l'Est et en Asie centrale, « épaissir les frontières[1] » face aux dangers extérieurs fut une obsession des dirigeants soviétiques et un mode de gouvernement autoritaire à part entière. Cela passait par la création de zones interdites, de campagnes de répression et de déportation, et par des mécanismes de gestion des frictions. À l'intérieur de l'URSS, les frontières étaient davantage considérées comme des délimitations administratives héritées du tsarisme, parfois invisibles sur le terrain. Elles sont devenues internationales en 1991 et délimitent désormais les contours des nouveaux États indépendants. Elles se matérialisent alors avec des postes-frontières, parfois même des barrières. Nombre de conflits sur leur délimitation se sont fait jour, par exemple en Asie centrale autour de la zone disputée de Ferghana, mais aussi en Transnistrie, entre l'Arménie et l'Azerbaïdjan, et bien sûr en Crimée et dans les oblasts de l'Est de l'Ukraine dès 2014. Dans un contexte de guerre d'occupation et d'usure, les génies militaires russes et ukrainiens fortifient aujourd'hui chacun la ligne de front. Des « dents de dragons » ou des « hérissons tchèques », des fossés et des champs de mines sont installés sur plusieurs lignes de défense pour limiter les offensives mutuelles.

1. Sabine Dullin, *La Frontière épaisse : aux origines des politiques soviétiques (1920-1940)*, Paris, EHESS, coll. En temps & lieux, 2014.

En Géorgie singulièrement, c'est le long des anciennes frontières administratives de l'Abkhazie et de l'Ossétie du Sud que des velléités de séparatisme s'expriment depuis les années 1990. C'est aussi sur ces lignes que la Russie est intervenue en 2008 contre la Géorgie. Après quoi, l'année suivante, un mur a été construit le long de la rivière Inguri et la Géorgie a blindé les contours de l'Ossétie du Sud. La Russie a elle aussi équipé ces délimitations d'outils frontaliers traditionnels, comme des postes de douane ou de contrôle d'identité. C'est là où la militarisation des frontières de l'espace post-soviétique peut rejoindre les murs d'antan : les blindages militaires actuels, comme ceux du passé, seraient le signe d'une victoire militaire impossible, voire d'une conquête territoriale entravée, auxquels est conférée l'apparence d'une frontière internationale pour mieux légitimer l'occupation de territoires aux statuts disputés.

À quoi ressemblent les murs d'aujourd'hui ? La barrière physique n'est que la pointe émergée des outils de contrôle déployés. Outre des éléments architecturaux qui défigurent le paysage sous forme de grillage, de tours de contrôle ou de zone militarisée restreinte, on trouve également différentes technologies de surveillance comme des radars ou des drones. Des patrouilleurs, policiers et militaires, surveillent la frontière par des rondes, des contrôles mais aussi des analyses informatiques. Dans la boîte à outils de ces professionnels de la sécurité, la barrière peut apparaître archaïque par rapport à ces nouvelles technologies de surveillance qui permettent le contrôle loin de la limite territoriale. Toutes ces technologies, matérielles ou virtuelles, sont pourtant complémentaires. Barrières et *checkpoints* canalisent les déplacements. Radars, caméras et drones les identifient, quand ils n'entendent pas les prédire. Les bases de données informatiques et les agences mettent en réseau et collectent des informations sur ces déplacements. L'ensemble de ces technologies et outils militaires s'inscrit ainsi dans un dispositif de sécurité complexe dont la fonction première est le tri des individus.

Les murs se composent d'un système administratif de lois et de règlements autorisant ou interdisant les mobilités grâce à des permis, des visas, ou des laissez-passer. Autrement dit, ils doivent être compris comme l'ensemble du dispositif (architectures, lois, pratiques et technologies) qu'un État décide de déployer dans des zones frontalières. À ce titre, un mur peut aussi bien être installé sur terre qu'en mer. Au-delà du blindage de territoires frontaliers, comme les enclaves espagnoles de Ceuta et Melilla ou les îles grecques, et d'opérations de surveillance maritime, comme Active Endeavour au large de la Libye jusqu'en 2016, la militarisation de la Méditerranée s'insère dans une politique d'asile et d'immigration européenne. Celle-ci fait la part belle au contrôle frontalier, notamment aux frontières extérieures de l'espace Schengen, qui comprend les territoires de 29 États européens. La base juridique de ce système repose d'une part sur le Traité sur le fonctionnement de l'Union européenne et sur la politique de sécurité et de défense commune, mais aussi sur des traités internationaux comme l'accord avec la Turquie de 2016 pour endiguer l'arrivée de migrants par l'est de la Méditerranée. Les murs d'aujourd'hui correspondent par conséquent à un alliage complexe, déployé par les États, d'infrastructures militaires, de règlements, de technologies de pointe et d'êtres humains.

Des murs et des hommes

Dans ce décor militarisé se trame un cache-cache mortel entre ceux qui passent et ceux qui contrôlent ou laissent passer, le tout médié par un ensemble de technologies et de pratiques de sécurité. Commençons par ceux que les murs entendent arrêter. Les dénominations selon les langues ne manquent pas pour les désigner, dans des termes amalgamant des situations de mobilités pourtant distinctes. Pour les Israéliens par exemple, ce sont des « *mistanenim* » (des infiltrés) ou des « *mekhablim* » (des terroristes). Aux États-Unis, pour désigner les migrants mexicains et centro-américains, on parle communément d'« *illegals* » (illégaux). En français, les termes courants et stigmatisants sont ceux de « sans-papiers » ou de « clandestins ». À travers la politique du mur, les États contribuent donc à une catégorisation plus ou moins déshumanisante, loin des motifs réels qui peuvent être imbriqués dans une même décision individuelle de migrer. Le déplacement transfrontalier d'un individu peut en effet relever de la migration – l'Organisation internationale pour les migrations (OIM) définit le « migrant » comme toute personne qui quitte son lieu de résidence habituelle pour s'établir à titre temporaire ou permanent dans un autre pays ou dans une autre région de son pays, et ce pour diverses raisons comme du travail saisonnier, du regroupement familial ou des études. Le déplacement peut aussi s'inscrire dans une démarche d'asile, selon un régime juridique de protection internationale, afin d'obtenir une protection contre des persécutions. D'autres mobilités transfrontalières relèvent plutôt du tourisme (un visa peut alors être exigé), ou du commerce pour les négociants ou les transporteurs. Dans certains cas, ceux qui passent peuvent aussi être des combattants, ou encore des criminels, convoyeurs de drogue et de contrebande. Ces derniers suivent généralement les routes commerciales ou des couloirs de contrebande organisés comme dans le cas du transit de la drogue mexicaine vers les consommateurs états-uniens.

Plus généralement, le mur entend lutter contre cette figure souvent invoquée, peu clairement définie, qu'est le « passeur ». Or, sur le terrain, l'identification du passeur est difficile. La question est plutôt de savoir comment l'économie du passage est utilisée par des réseaux criminels car, dans de nombreux cas, ce sont les migrants eux-mêmes qui jouent ce rôle pour payer leur propre passage. En témoignent les milliers de personnes arrêtées en Grèce au prétexte de « facilitation d'immigration clandestine » pour avoir tenu le GPS sur un bateau, ou pour avoir refermé la porte d'un camion. Le passage clandestin repose aussi sur des réseaux d'entraide familiale structurés[1]. Dans un registre moins négatif, le passeur est aussi celui qui aide à traverser. À la frontière États-Unis/Mexique, l'activité des passeurs vers le Nord, les « *coyotes* », est ancienne et célébrée dans la culture populaire mexicaine sous la figure de Juan Soldado. Ce Mexicain condamné pour meurtre en 1938 à Tijuana est aujourd'hui vénéré comme un saint par ceux et celles qui s'apprêtent à traverser *la linea*. Le passage clandestin se fait aussi par la corruption de conducteurs de camions, comme

1. Gabriella Sanchez, *Human Smuggling and Border Crossings*, New York, Routledge, coll. Routledge Studies in Criminal Justice, Borders and Citizenship, 2014.

cela fut révélé lors de la découverte dans l'Essex, en Angleterre, de 39 morts, asphyxiés, dans un camion en provenance de Belgique en octobre 2019. Le peu d'inspection pour les transporteurs de marchandises dans les ports de Flandres et les conditions difficiles de travail des conducteurs peuvent les inciter à jouer ce rôle contre rémunération. Le durcissement des conditions d'octroi de l'asile ou de visa et l'augmentation du contrôle frontalier[1] renforcent également l'économie informelle du passage et donc le rôle des passeurs. Aux États-Unis, le développement de l'immigration clandestine est intimement lié à la militarisation des zones urbaines frontalières dans les années 1990, qui a contraint les migrants à risquer la traversée du désert du sud de l'Arizona ou du Rio Grande au Texas. Les cartels de la drogue en ont alors profité pour investir l'économie du passage. Dans le prix du passage clandestin, les passeurs font payer aux migrants une taxe, qui sera reversée aux membres de cartels locaux le long de la frontière.

Côté patrouilleurs à présent, les États déploient aux frontières diverses agences aux attributions et pratiques spécifiques au croisement du travail policier, de la patrouille militaire, de la collecte

1. Virginie Guiraudon, « Lutte contre les passeurs : une politique qui ne protège pas les victimes de l'immigration illégale », Paris, *Terra*, 2008, vol. 19, pp. 1-13.

de données informatiques et du renseignement. Les militaires se spécialisent dans la défense du territoire. Ils sont en charge aux États-Unis, en Israël, en Pologne ou en Finlande de planifier et de construire les murs, parfois directement et d'autres fois par appel d'offres à destination d'entreprises. Les policiers se concentrent davantage sur l'identification des réseaux clandestins, la lutte contre la fraude aux documents et le contrôle de « l'illégalité » dans une gestion plus individuelle du contrôle. Les services de renseignement, eux, développent un travail numérisé dans le but de prédire et prévenir les futurs « flux » migratoires[1]. Ces trois dimensions du contrôle frontalier contemporain sont arrangées différemment selon les agences nationales ou européennes. Aux États-Unis, depuis 2002, le ministère de la Sécurité intérieure (Department of Homeland Security ou DHS) est divisé en plusieurs organes. Parmi eux, la garde frontalière (Border Patrol) s'est muée d'une modeste compagnie de patrouille à cheval en une unité paramilitarisée depuis les années 1980. Son périmètre d'action s'étend à présent à l'ensemble des zones frontalières terrestres et maritimes. Ses interventions ont aussi un impact sur les citoyens

1. Didier Bigo, « La mondialisation de l'(in)sécurité ? Réflexions sur le champ des professionnels de la gestion des inquiétudes et analytique de la transnationalisation des processus d'(in)sécurisation », *Cultures & Conflits*, vol. 58, n° 2, 2005, pp. 53-101.

américains résidant dans ces zones et elle est régulièrement accusée de profilage racial envers les citoyens hispaniques[1].

En France, la Police aux frontières (PAF) a été créée en 1952[2]. Au départ, l'agence agissait au sein des Renseignements généraux et se concentrait sur la collecte d'informations sur les mobilisations sociales dans les ports, aéroports et gares internationaux. À partir des années 1970, elle se tourne vers le contrôle migratoire et s'autonomise via la constitution de brigades mobiles et de surveillance des lieux d'enfermement des migrants. Avec l'entrée en vigueur de la convention Schengen en 1990, les contrôles systématiques aux frontières internes entre États membres sont supprimés. La PAF réorganise sa mission dans une zone de 20 kilomètres à l'intérieur des frontières et mène des enquêtes sur les « passeurs » et la fraude aux documents d'identité sur tout le territoire. Elle renforce son activité dans les aéroports et aux frontières italiennes et espagnoles. Aujourd'hui la PAF ne se donne pas pour but de contrôler tous les individus mais plutôt de ralentir les déplacements afin de mieux les gérer sur un axe Nice-Paris-Calais.

1. Reece Jones, *Nobody is Protected: How the Border Patrol Became the Most Dangerous Police Force in the United States*, Berkeley, Catapult, 2022.

2. Sara Casella Colombeau, « Des "faux touristes" aux "filières" : la reformulation de la cible des contrôles par la police aux frontières (1953-2004) », *Cultures & Conflits*, vol. 105-106, n° 1-2, 2017, pp. 163-188.

Elle participe aussi à la coopération européenne au sein de Frontex, devenu le patrouilleur aux frontières extérieures de l'Union européenne depuis 2004. Si cette agence de coordination est dépendante des ressources, personnels et matériels fournis par les États membres, et que son intervention dans les zones frontalières nécessite l'accord de l'État en question, elle est toutefois en expansion et en forte autonomisation. L'objectif fixé par l'UE est d'atteindre 10 000 gardes en 2027 pour un budget d'environ 11 milliards d'euros. L'agence a progressivement diversifié ses activités entre surveillance des zones frontalières et maritimes, analyse de risque, partage de données et contrôles dans les pays de départ et dans le voisinage européen. Son activité fait l'objet de lourdes critiques, si ce n'est de demande d'abolition par les ONG de défense des droits des migrants. En 2022, l'extension de son budget a été suspendu et son directeur, Fabrice Leggeri, a été contraint de démissionner. Selon un rapport de l'OLAF, l'organe de lutte antifraude européen, l'agence est responsable « directement et indirectement » de ne pas respecter le droit d'asile – selon lequel un réfugié ne peut pas être renvoyé dans un pays où sa vie est menacée – en couvrant les refoulements vers la Turquie d'embarcations de migrants par les garde-côtes grecs. Des députés européens ont par ailleurs souligné le retard délibéré qu'aurait pris l'ancien directeur de Frontex dans le recrutement d'officiers des droits fondamentaux.

Enfin, dans certaines zones frontalières, les patrouilleurs sont de simples citoyens. Aux États-Unis, on les nomme « *vigilantes* », « justiciers ». Dans les années 2000, par exemple, le Minuteman Project organise des patrouilles et des camps de surveillance à la frontière mexicaine. Aujourd'hui, ces patrouilleurs se fondent dans le paysage en se présentant comme des paramilitaires experts en technologies de surveillance, et ambitionnent même de dialoguer d'égal à égal avec les policiers. Cela leur permet de masquer leur rhétorique xénophobe. Il en existe également dans d'autres contextes, notamment à Calais ou encore en Hongrie.

Le décor du mur ne serait pas complet sans examiner les multiples formes de violence qui s'y exercent et font de la plupart des frontières blindées des « espaces de mort[1] ». Une des frontières les plus meurtrières est celle entre l'Inde et le Bangladesh, puisqu'une personne y serait tuée tous les cinq jours. En 1986, l'Inde entame la construction d'un mur de 3 200 kilomètres de frontière avec le Bangladesh pour dissuader l'immigration et la contrebande. Des zones d'habitation et de culture agricole sont équipées de barbelés, de murs en briques et parfois détruites car

1. Babels (coll.), Carolina Kobelinsky et Stefan Le Courant (dir.), *La Mort aux frontières de l'Europe : retrouver, identifier, commémorer*, Neuvy-en-Champagne, Le Passager clandestin, 2017.

comprises dans un no man's land entre la frontière et le mur. Le mur est gardé par la Border Security Force (BSF) indienne. Celle-ci est accusée par Amnesty International de torture, de viols et d'arrestations particulièrement violentes[1]. Aux États-Unis aussi, la Border Patrol est impliquée dans la mort d'un Mexicain en octobre 2012. Il s'agit de José Antonio Elena Rodríguez, tué en Arizona, côté mexicain, par une balle tirée à travers les poteaux d'acier du mur frontalier, sans qu'aucune responsabilité individuelle n'ait été attribuée à ce jour. Depuis 2010 à cette frontière, la Southern Border Communities Coalition estime que 230 personnes sont décédées dans des circonstances impliquant une rencontre avec un garde frontalier, là encore sans qu'aucune condamnation n'ait été prononcée. Ailleurs, à l'abri des regards, les garde-frontières saoudiens ont tué au moins des centaines de migrants et demandeurs d'asile éthiopiens qui ont tenté de franchir la frontière depuis le Yémen entre mars 2022 et juin 2023 selon Human Rights Watch.

L'érection de murs est souvent justifiée par le rétablissement de l'ordre dans des espaces frontaliers jugés violents et face à des menaces extérieures. Pourtant, on le voit dans ces différents cas, la militarisation produit également des

1. Gaël Turine, *Le Mur et la Peur : Inde-Bangladesh*, Paris, Actes Sud, coll. Photo Poche Société, 2014.

violences et des morts. Entre patrouilleurs et patrouillés, l'enjeu de la politique du mur est donc bien de nommer et d'attribuer une responsabilité à ces violences. Pour cela doit se faire un travail qui consiste à compter les morts aux frontières pour quantifier une réalité parfois invisible et espérer lutter contre l'indifférence. Plusieurs sources existent[1], qu'elles soient journalistiques, à l'image du projet The Migrants' Files, ou tenues par les organisations internationales, comme l'OIM et son projet Missing Migrants. À la frontière États-Unis/Mexique, l'Union américaine pour les libertés civiles (ACLU) avance le chiffre de 6 000 morts migrants depuis 1994. En Méditerranée, l'OIM mesure à 30 000 depuis les années 1990 le nombre de décès. De plus, doit-on compter parmi les morts aux frontières ceux qui comme Mawda en Belgique sont décédés à l'intérieur de l'espace Schengen ? Mawda est une fillette kurde de deux ans, tuée par balle en mai 2018 par un policier lors d'une course-poursuite. De son côté, la campagne United avance en 2023 le chiffre de 52 670 morts pour l'ensemble des frontières européennes…

Au-delà de cette comptabilité macabre, le débat fait rage sur le lien entre militarisation des frontières, renforcement des contrôles et morts

1. Antoine Pécoud, « Death at the Border: Revisiting the Debate in Light of the Euro-Mediterranean Migration Crisis », *American Behavioral Scientist*, vol. 64, n° 4, 2020, pp. 379-388.

en migration. La stratégie est plutôt assumée aux États-Unis depuis les années 1990 où le renforcement des zones urbaines poussant les migrants et les contrebandiers dans le désert est devenu un « alibi géographique » pour dissuader la traversée[1]. Face à cela, des voix critiques soulignent les responsabilités étatiques et tentent de les faire reconnaître juridiquement. L'UE et ses États membres ont été de ce point de vue accusés devant la Cour pénale internationale de crimes contre l'humanité à l'encontre de migrants tentant de fuir la Libye en 2019. Dans cette plainte en cours, l'UE est accusée d'avoir orchestré « directement et indirectement » l'interception et la détention de 40 000 personnes en raison de son soutien aux garde-côtes libyens. Disparition en mer, errance en forêt, sous la neige norvégienne, sous la pluie de Calais, renvoi dans le désert en Tunisie, ou abandon dans des « *hotspots* » sur les îles grecques, la politique du mur transforme les zones frontalières en zones de guerre, où violence et mort sont banalisées. Au demeurant, si les murs sont bien des « espaces de mort », leur efficacité à entraver les mobilités est plus que discutable.

1. Roxanne Lynn Doty, « Bare Life: Border-Crossing Deaths and Spaces of Moral Alibi », *Environment and Planning D: Society and Space*, vol. 29, n° 4, 2011, pp. 599-612.

La chimère de « l'efficacité »

Les murs sont bien faillibles au regard des objectifs sécuritaires affichés. L'« efficacité » d'un mur serait à jauger en fonction des objectifs de lutte contre le terrorisme, contre la contrebande et contre l'immigration clandestine. Les États produisent des statistiques de saisies de drogue ou d'armes, de personnes arrêtées ou renvoyées, pour attester de leurs efforts. Pourtant qui dit mur, dit tunnel, dit contrefaçon de documents d'identité, dit corruption de policiers et de douaniers. Le mur est contourné de mille manières, mais deux exemples pourront l'illustrer simplement : le terrain israélo-palestinien et le mur entre les États-Unis et le Mexique. Depuis que la bande de Gaza est murée (1995) et sous blocus économique (2007), des tunnels sont constamment entretenus et régulièrement détruits par les armées israélienne et égyptienne. Leur usage est multiple et déterminant tant économiquement que militairement. Ils permettent la contrebande de produits et les déplacements individuels vers l'Égypte mais aussi les activités militaires du Hamas, dont les prises d'otage (comme celle de Gilad Shalit en 2007) et les attaques vers le côté israélien (comme ce fut le cas le 7 octobre 2023). L'emmurement de Gaza n'a donc pas empêché d'autres tactiques de guerre souterraine[1]. En Cisjordanie, le lien de causalité entre la « barrière de sécurité » israélienne et la diminution des attentats de la part de groupes armés palestiniens durant la seconde Intifada (2000-2005) est communément mis en avant. Intuitivement, sa mise en place semble concorder avec la diminution du nombre d'attentats. C'est d'ailleurs ce que professent les autorités israéliennes. Puisque la « barrière » a été construite pour empêcher les attentats suicides en Israël, son efficacité se mesure à la diminution des attentats, l'efficience du contrôle des entrées vers les zones israéliennes à travers les *checkpoints* et le sentiment de sécurité retrouvé par les Israéliens. Or, cette corrélation ne résiste pas à la critique de la nature de ces statistiques, à la prise en compte d'autres tactiques de lutte contre le terrorisme et à la lente mise en service des quatre sections de la « barrière » entre 2002 et 2007. La diminution des attentats peut surtout être imputée à l'opération Rempart lancée au printemps 2002, où Israël réoccupa la majeure partie des Territoires palestiniens, imposa des couvre-feux, mit en place des *checkpoints* volants et de nombreux contrôles limitant les déplacements de la population, mobilisa ses services de renseignement et ses réseaux d'indicateurs, ou encore recourut à

1. Daphné Richemond-Barak, *Underground Warfare*, Oxford University Press, 2018.

des assassinats ciblés. L'argument de l'efficacité des *checkpoints* dans leur fonction de filtre des Palestiniens peut également être mis en doute puisque les kamikazes sont pour certains passés par ces postes de contrôle. On peut donc affirmer que le rôle de la « barrière » contre le terrorisme a été surévalué par les autorités israéliennes. En réalité, vingt ans plus tard, le constat face à chaque nouvel attentat est que la « barrière » est réellement poreuse et que l'armée le sait. Le mur israélien ne prend bien évidemment pas en compte les raisons sociopolitiques du recours à la violence de la part des Palestiniens, qui évolue mais ne diminue pas. L'attaque du Hamas et du Djihad islamique du 7 octobre 2023 sur les localités du sud d'Israël a mis en lumière les failles de cette stratégie de l'emmurement et de la surveillance technologique de Gaza. D'un point de vue militaire, sans d'autres outils de surveillance et de connaissance humaine de ce qui se passe dans l'enclave, le mur apparaît comme inefficace à lutter contre des groupes armés.

Aux États-Unis, les indicateurs de succès sont, là encore, statistiques : la diminution du nombre d'arrestations d'individus par les garde-frontières, l'augmentation des quantités de monnaie, drogue et d'armes saisies ainsi que la diminution des taux de criminalité dans les comtés frontaliers. Ces statistiques ne sont que des agrégats par secteur, non détaillés. Les données les plus développées concernent les « rencontres » avec un agent ou « *encounters* », selon le site Internet de la Border Patrol. En 2023, 2,5 millions de personnes ont été arrêtées à la frontière sud-ouest en un an. On renoue avec les records de 1,6 million d'arrestations en 2000, davantage que lors de l'avant-crise économique (809 000 en 2007) et la pandémie (458 000 en 2020). Les statistiques sont commentées, année après année, pour évaluer l'efficacité de la sécurité frontalière. Toutefois, elles sont à prendre avec des pincettes car ces chiffres font référence aussi bien aux arrestations de personnes tentant d'entrer sans autorisation comme aux expulsions de ceux qui se présentent sans les documents requis. Un même individu peut avoir été arrêté et expulsé à plusieurs reprises et donc faire gonfler les chiffres. De plus, ces statistiques ne sont pas suffisantes pour isoler l'impact de la militarisation dans l'évolution des migrations et de la contrebande transfrontalière. Tout d'abord, les statistiques sont générées par la Border Patrol et commentées par son institution mère, le DHS, c'est-à-dire en vase clos et non par une entité tierce. Lorsque les agrégats d'arrestations de migrants augmentent, les autorités crient au succès, prouvant ainsi leurs « efforts ». Quand les agrégats diminuent, les autorités crient également au succès, signe de « dissuasion » efficace de la militarisation. Ces statistiques reflètent plus les pratiques des agences de sécurité et le fait que les lois migratoires sont davantage appliquées aujourd'hui qu'il y a vingt ans. À cela s'ajoute le fait que ces variations statistiques ne prennent pas en compte d'autres facteurs influençant les migrations et la contrebande : les conditions dangereuses de traversée du désert ou du Rio Grande, ou la crise économique de 2008 qui a mis fin à la migration mexicaine vers les États-Unis, ou encore la situation politique dans les États d'Amérique centrale. Les Centro-Américains sont de nos jours majoritaires parmi les personnes arrêtées à la frontière ou demandant l'asile côté mexicain. D'autre part, des études qualitatives ont démontré que l'immigration mexicaine aux États-Unis a été influencée avant tout par des facteurs d'ordre économique et familial[1].

Ainsi, la relation entre érection de murs et arrêt des mobilités est loin d'être systématique. Elle est surtout constamment débattue par les militaires et les policiers eux-mêmes. Pour ces praticiens, des doutes émergent sur l'avantage tactique des « barrières » par rapport à d'autres technologies. Fondé sur des témoignages devant le Congrès des États-Unis par des professionnels du ministère de la Sécurité intérieure, un rapport parlementaire sur l'emploi des « barrières » le long de la frontière de

1. Douglas S. Massey, « Immigration Policy Mismatches and Counterproductive Outcomes: Unauthorized Migration to the US in Two Eras », *Comparative Migration Studies*, vol. 8, n° 21, 2020.

septembre 2006 liste une série de ces enjeux dans le cadre des débats sur l'adoption du Secure Fence Act. À l'époque, cette loi ambitionnait d'atteindre « le contrôle opérationnel de la frontière » en complétant « d'ici à 18 mois » la « barrière frontalière » dans des zones semi-rurales, et était soutenue par George W. Bush dans son objectif de sanctuarisation du territoire états-unien post-11 septembre 2001. Le premier enjeu porte sur l'efficacité en termes d'entraves locales aux mobilités. Le rapport estime cependant que pour les agents de la Border Patrol les « barrières » sont des « multiplicateurs de forces » (« *force multipliers* »). Elles permettent une meilleure gestion des ressources dans des zones rurales où les agents bénéficient d'un avantage par rapport aux zones urbaines pour arrêter les individus avant qu'ils ne se cachent. Le deuxième enjeu porte sur les coûts de construction et de maintenance de ces obstacles. Le rapport pointe que ces coûts sont trop élevés pour certains au sein du DHS et qu'il faut privilégier l'investissement dans d'autres technologies de surveillance. En zones rurales, le coût de construction est amplifié à cause des difficultés d'accès à des endroits très retirés. Un troisième enjeu concerne la localisation et le type de « barrières » à installer en fonction des conditions topographiques : entre des panneaux de béton (moins coûteux) ou des poteaux en acier privilégiés par la Border Patrol car il est possible de voir à travers. Enfin, un dernier enjeu concerne l'acquisition des terres le long de la frontière. En

Californie et en Arizona, la plupart des terres sont propriétés de l'État fédéral. Au Texas, les terres sont privées, ce qui nécessite de longues procédures d'expropriation. L'ensemble de ces débats tactiques a également émaillé le projet de « mur de Trump » dix ans plus tard.

Pour Israël non plus la « barrière » en Cisjordanie n'était pas la solution défensive privilégiée par les militaires. Afin de contraindre les activités terroristes des Palestiniens, l'armée plaidait pour des mesures offensives, comme la réoccupation des zones sous contrôle palestinien, et des mesures à caractère policier de type infiltration, renseignement, arrestations, filatures. D'ailleurs, un rapport de février 2023 du contrôleur de l'État israélien estime que l'armée a abandonné le financement de l'entretien et de la construction du mur en Cisjordanie à partir de 2017, ne le remettant à l'ordre du jour qu'après les attentats de mars 2022, sans toutefois formuler de calendrier de mise en œuvre. Depuis la moitié des années 1990, l'armée israélienne considérait donc le mur comme un projet politique, critiquant son coût financier et militaire tout en reconnaissant localement son impact en termes d'attribution de « responsabilités » pour les brigades le patrouillant. Aujourd'hui, l'attaque du 7 octobre 2023 a fait voler en éclat cette tactique du contrôle des Palestiniens à distance, derrière un mur, au profit d'opérations militaires conventionnelles dans la bande de Gaza. De manière similaire, le mur à la frontière russe permettrait avant tout aux patrouilleurs finlandais de s'organiser en cas de mouvements migratoires potentiels. Le mur serait ainsi, pour l'armée, moins une affaire de stratégie défensive que de routine professionnelle.

L'« efficacité » du mur est en réalité une question d'échelle. Localement, certes, il influe sur les mobilités, mais régionalement ou globalement il ne prend pas en compte les raisons des déplacements ou des violences qu'il prétend endiguer. C'est d'autant plus clair lorsque l'on observe les murs aux frontières européennes. Localement, à la frontière entre la Pologne et la Biélorussie, les habitants approuvent le mur de 200 kilomètres érigé à partir de l'automne 2021. Ce dernier entendait empêcher l'arrivée de dizaines de milliers de personnes depuis la Biélorussie. Depuis, l'arrivée des migrants a baissé (11 000 tentatives de passage en 2022 contre 17 000 en octobre 2021) mais ne se tarit pas (quelques milliers début 2023). L'entrave peut se vérifier au niveau local, mais à l'échelle du continent européen, force est de constater que l'investissement croissant dans la sécurité frontalière depuis trente ans n'a pas empêché les migrations. Pour s'en tenir aux chiffres d'Eurostat, environ 1,14 million de demandes d'asile avaient été déposées en 2023 dans les pays de l'UE, avec des fortes variations selon les pays. On retrouve des proportions similaires au nombre de

1,3 million de demandes d'asile en 2015, en augmentation par rapport à 2021 et 2022 (623 000 et 960 000 demandes). Les facteurs de départ comme l'espoir d'une vie meilleure, l'aventure, la pauvreté, le chômage, la guerre et les persécutions sont prépondérants dans le choix de migrer. Et un mur n'y peut rien.

Le déploiement des murs en tant qu'outils défensifs concourt à transformer les frontières en zones de guerre, en « espaces de mort », en dépit de leur efficacité limitée. En tant qu'outil de contrôle des mobilités, son recours est même marginal par rapport à l'ensemble des technologies de pointe permettant de tracer et de surveiller les individus, plutôt à distance et de façon numérisée. Au-delà de la construction de barrières ici et là, le contrôle frontalier consiste surtout, aujourd'hui, en un ensemble de technologies sophistiquées, biométriques et informatiques. Cet attirail plus discret fait de la politique du mur un marché de technologies particulièrement juteux et globalisé, où le savoir-faire devient un produit exportable d'une frontière à une autre.

Chapitre 2

Le mur numérique

« Dans les rayons des services de l'immigration, il est loisible d'identifier les agents visibles des murs, ce sont de vrais numéros avec leurs codes-barres d'hommes vendus au prix fort sur le marché. »

James Noël, *La Migration des murs*
[Villa Médicis, 2012],
Paris, Au Diable Vauvert, 2020, p. 109.

Le sommet européen du 9 février 2023 a été traversé de nombreux désaccords à propos des frontières de l'Union. Comme en août 2021, lors de l'arrivée d'Afghans fuyant le régime des Talibans, et comme en novembre 2021 quand la Biélorussie a envoyé des milliers de personnes à la frontière polonaise, certains États membres ont appelé la Commission à renforcer les frontières au moyen de « clôtures », craignant davantage d'arrivées. L'Autriche, la Hongrie, la

Grèce, la Bulgarie, la Roumanie demandent ainsi que les budgets européens financent des murs. Au contraire, le Luxembourg, le Portugal, les Pays-Bas, la Belgique s'y opposent, préférant avancer sur la question du renvoi des déboutés de l'asile et sur des mécanismes de répartition des exilés. Les premiers demandent à la Commission européenne « des fonds et des moyens substantiels [...] pour aider à renforcer les capacités et les infrastructures de protection des frontières, les moyens de surveillance, y compris aérienne, et les équipements ». Dans cette apparente confrontation, la Commission a rappelé aux États qu'elle finance déjà des programmes de surveillance des frontières via un fonds commun de gestion des frontières extérieures d'environ 6 milliards d'euros sur la période 2021-2027. Elle aide en effet les États à détecter l'immigration non autorisée et à lutter contre le crime transfrontalier en renforçant les systèmes informatiques et l'équipement des polices aux frontières. La Commission européenne s'est opposée à l'usage de ces fonds pour financer directement des murs. En fait, cette passe d'armes est assez hypocrite. Car la Commission finance toutes les technologies connexes aux murs, tandis que les États membres utilisent leur budget pour les bâtir. Séparer les murs des autres technologies de contrôle frontalier n'a guère de sens, si ce n'est symbolique : l'ombre du « rideau de fer » pèse encore sur la Commission, qui se refuse à financer directement des barrières physiques. De sorte que, pour contrôler ses frontières, l'UE soutient principalement des solutions high-tech, biométriques et informatiques. Le mur est donc « technologique », lourdement équipé de caméras, capteurs, radars, identification biométrique, bases de données informatiques, drones, robots, appui satellitaire, intelligence artificielle, etc. Désormais, aux États-Unis comme en Europe, le contrôle des frontières se veut « intelligent », permettant de trier les « flux » principalement via ces technologies high-tech. Cette manière propre au XXIe siècle de « faire mur » pose toutefois question. Tout d'abord, elle fait basculer la sécurité frontalière non plus dans la défense du territoire, comme prérogative militaire classique, mais dans le champ de l'analyse de risque, comme expertise informatique et policière. Cela soulève des enjeux éthiques sur le fonctionnement et l'utilisation de ces technologies et des données recueillies. Ensuite, ce contrôle numérisé alimente un marché global avant tout au bénéfice d'entreprises privées. Les technologies s'échangent d'une frontière à une autre, de l'Europe vers l'Afrique ou des États-Unis vers l'Amérique centrale par exemple, tendant à homogénéiser leur gestion et à faire porter la charge du contrôle aux pays de départ ou de transit. Ce transfert de techniques et de technologies impose une lecture sécuritaire des mobilités faisant peu de cas de la compréhension et de l'évolution locale des migrations et de la conflictualité, comme nous le verrons avec l'organisation du contrôle européen depuis le Sahel. Enfin, certains États acquièrent une notoriété et une expertise de pointe dans le contrôle frontalier. C'est le cas d'Israël ou de l'Australie, qui s'érigent en modèles de sécurité frontalière. Ils contribuent à appliquer des mesures et des outils similaires à des contextes politiques et migratoires pourtant très distincts.

High-tech & low-tech

Les murs sont aujourd'hui des laboratoires à ciel ouvert pour industriels et professionnels de la sécurité. Mais si les barrières peuvent sembler archaïques, elles n'en sont pas moins des technologies low-tech complémentaires des technologies high-tech[1]. Les États investissent de plus en plus dans ces technologies dites « intelligentes » tout en reconnaissant de l'utilité pratique aux barrières. Tour d'horizon en Europe et aux États-Unis.

L'enregistrement biométrique des voyageurs est au cœur de la politique migratoire, d'asile et de contrôle frontalier européenne. D'un côté,

1. Denis Duez, « Des smart borders aux clôtures barbelées : la revanche du low-tech ? », *Cahiers de la Sécurité et de la Justice*, vol. 4, n° 38, 2017, pp. 168-176.

ce traçage biométrique des mobilités est présenté comme gage de « liberté de circulation », de fluidité et de rapidité des traversées frontalières pour les citoyens européens. De l'autre, il est dénoncé comme intrusif et discriminatoire pour les migrants et réfugiés du Sud global. Car il s'agit d'une manière très contemporaine de filtrer les individus aux frontières. Un mur virtuel en somme. Le contrôle migratoire européen repose sur la collecte, la sauvegarde et le partage d'informations numérisées par les polices et administrations des États membres. Ces données sont collectées et consultées *via* des scanners et lecteurs situés dans les aéroports, dans les camps de réfugiés, en préfecture ou au consulat. Puis elles sont manipulées par des logiciels et stockées sous forme de bases de données que des algorithmes trient pour établir une concordance entre identité numérique et corps physique. Que cela soit pour les citoyens européens ou les ressortissants non européens, le stockage des données permet une forme de « *data surveillance* », c'est-à-dire la surveillance des traces numériques laissées sur Internet, des documents de voyage et de procédures administratives (une demande de visa, par exemple).

La mise en œuvre du contrôle repose aussi sur l'implication forte d'acteurs privés à qui sont sous-traités le recueil et le traitement des données, comme l'entreprise VFS Global, présente dans 135 pays[1]. Depuis la convention d'application des accords de Schengen en 1995, la France, l'Allemagne et les pays du Benelux (puis à partir de 1999 les nouveaux venus dans le club Schengen) échangent des informations sur les personnes sous surveillance policière ou encore les étrangers non ressortissants des États membres jugés « à risque ». Les polices européennes le font à l'origine par le biais d'un fichier : le système d'information Schengen (SIS). Les polices nationales peuvent y signaler des personnes sous mandat d'arrêt européen, des personnes disparues ou des individus menaçant l'ordre public. Pour cela, elles collectent des informations comme des signes physiques particuliers, le sexe, les photographies et empreintes digitales, le motif du signalement, le type d'infraction, etc. Le non-enregistrement dans SIS conditionne l'accès et la circulation au sein de l'espace Schengen et est donc aussi un outil de contrôle migratoire. Depuis SIS, d'autres bases de données ont permis de surveiller les mobilités tout en augmentant la quantité de stockage possible. L'agence pour la gestion opérationnelle des systèmes d'information à grande échelle au sein de l'espace de liberté, de sécurité et de justice, abrégée eu-LISA, est aujourd'hui

1. Federica Infantino, *Outsourcing Border Control: Politics and Practice of Contracted Visa Policy in Morocco*, New York, Palgrave Pivot, 2017.

responsable des deux autres systèmes informatiques en la matière : l'European Asylum Dactyloscopy Database (Eurodac), pour les demandes d'asile, et le Visa Information System (VIS), pour les demandes de visa. L'agence développe même ces dernières années Entry/Exit System, un fichier de plus grande ampleur (près de 400 millions d'entrées) qui devrait être opérationnel à l'horizon 2025. En lien avec un système de pré-autorisation de voyage nommé ETIAS, il s'appliquera à tous les voyageurs de pays tiers, enregistrera leur nom, le type de documents de voyage, les empreintes et la morphologie faciale, les dates d'entrée et de sortie en remplacement des tamponnages manuels de passeports. Son but est de détecter ceux qui excèdent la durée autorisée de leur séjour. Ensemble, les États membres de l'espace Schengen filtrent donc les mobilités jugées « à risque » au moyen de fichiers informatiques partagés et développent des pratiques de surveillance communes.

Cette emphase sur les technologies de pointe s'effectue selon le paradigme dominant de la « frontière intelligente » (*smart border*). C'est l'objectif affiché pour la frontière européenne dans la stratégie européenne de sécurité de 2010. Par le recours aux technologies numériques, elle filtre les mobilités et permet un passage rapide des frontières pour certains voyageurs (hommes d'affaires, voyageurs fréquents, marchandises, etc.) tout en cherchant à identifier le voyageur « à risque » (contrebandiers, migrants, criminels, etc.). Ce modèle nous vient des États-Unis où il a été formulé après les attentats du 11 septembre 2001, d'abord dans un accord avec le Canada puis avec le Mexique. Ces accords prévoient la protection des frontières aériennes, maritimes et terrestres contre le terrorisme et l'immigration non autorisée tout en maintenant la libre circulation des biens et des personnes négociée au sein de l'ALENA (Accord de libre-échange nord-américain)[1]. Là encore, comme en Europe, la virtualisation du contrôle s'est effectuée en complément de la militarisation de la frontière mexicaine. Cette dernière constitue elle aussi un laboratoire des nouvelles technologies de contrôle à distance, dans une collaboration entre agences fédérales, militaires et industriels de défense et de sécurité. Sous les administrations G. W. Bush puis Obama, des programmes de « frontières intelligentes » s'y multiplient. Dans le désert de l'Arizona fleurissent des tours de surveillance intégrant caméras et radars en parallèle de la mise en place de barrières, de routes de patrouille ou de spots lumineux pour faciliter le travail d'arrestation. Il s'agit du Secure Border Initiative qui, jusqu'en 2008, a permis de connecter les agents de la Border Patrol à

1. Ayse Ceyhan, « Sécurité, frontières et surveillance aux États-Unis après le 11 septembre 2001 », *Cultures & Conflits*, vol. 53, printemps 2004, pp. 113-145.

ces différentes infrastructures et technologies déployées sous l'égide de l'entreprise aéronautique Boeing.

Cette complémentarité entre high-tech et low-tech se reflète aussi dans les foires technologiques comme la Border Security Expo. Ce sont des lieux de rencontres et d'exposition entre élus, militaires et policiers avec des entreprises états-uniennes, mais aussi internationales. On y discute dans divers panels les besoins en technologie pour assurer des missions de sécurité frontalière. Le ministère de la Sécurité intérieure privilégie plutôt le recours aux technologies de surveillance de haute technologie (comme les caméras de vidéosurveillance et infrarouges, les capteurs au sol, les liaisons radios pour les patrouilles ou les drones) et y perçoit un complément en termes « de barrières et d'agents[1] ». Pourtant la « frontière intelligente » nécessite une coopération poussée entre patrouilleurs et ingénieurs, ce qui n'est pas toujours effectif[2]. Les crédits du Secure Border Initiative ont ainsi été coupés en 2008, les ingénieurs de Boeing s'étant rendu à l'évidence que les caméras méprenaient des vaches pour des migrants et que les tours ne

1. Présentation orale accessible sur le site de l'exposition : http://www.fededtv.com/Events/border_security_expo_2013.aspx (consulté en mars 2023).

2. Robert Lee Maril, *The Fence, National Security, Public Safety and Illegal Immigration along the U.S.-Mexico Border*, Texas Tech University Press, 2011.

résistaient pas aux intempéries du désert de l'Arizona.

L'utilisation des *data* et des technologies de pointe accompagne depuis deux décennies le basculement de la sécurité frontalière dans le champ non plus de la défense *stricto sensu* du territoire mais de l'analyse de risque. On cherche davantage à « gérer » la migration, les voyageurs, les marchandises à la frontière plutôt qu'à les arrêter ou les repousser, avec cette idée phare que le contrôle peut être discret tout en étant optimal sur le plan sécuritaire. Considérer la mobilité transfrontalière comme un risque implique un raisonnement par possibilité, par anticipation éventuelle, par la prévention avec pour effet de confondre le risque et la menace. Appliqué aux mobilités, on ne se situe plus dans la défense face à des menaces de violence physique, mais plutôt dans un imaginaire de suspicion généralisée d'un « risque migratoire ». De ce raisonnement découle la conception qu'en collectant le plus de données possibles, cette anticipation sera facilitée et donc la dangerosité éloignée. De plus, cette gestion par le risque engage la maîtrise d'un futur, par définition incertain, et offre à des entreprises et des professionnels la capacité de commercialiser cette incertitude par le biais de technologies jugées fiables ou prédictives.

Or, ces technologies numériques ne sont pas infaillibles. Elles ne sont pas à l'abri d'usurpation, d'erreurs et de piratage. Elles connaissent notamment des erreurs de conception et de lecture, comme des identifications erronées, des erreurs liées à des homonymies, des problèmes d'anonymisation (tant pour les voyageurs que leurs hôtes européens, par exemple). De plus, les conditions de collecte, de consultation et de stockage des données soulèvent des enjeux éthiques. Cela est régulièrement dénoncé par l'Agence des droits fondamentaux de l'Union européenne, au Parlement européen ou encore par des associations comme l'European Digital Rights (EDRi). À ce titre, un nouvel outil financé par l'UE pose problème : le programme Itflows a pour but d'aider à la surveillance des frontières espagnoles, italiennes et grecques. Son objectif est de collecter par entretiens auprès de migrants nigérians, maliens, érythréens ou encore soudanais des données sur l'origine ethnique, l'orientation sexuelle ou la religion. Cela permettra de modéliser, via une intelligence artificielle, les trajectoires migratoires, de dresser un profil type de migration et donc de « prédire » les futures migrations. Les risques éthiques sont, là encore, majeurs : risque de discrimination, d'identification physique des personnes et de détournement par certains États pour justifier davantage de contrôle. Cet enjeu éthique a déjà été maintes fois soulevé au Parlement européen à propos du SIS, les eurodéputés s'alarmant de l'encadrement des consultations des fichiers de données biométriques par les polices et de la durée de conservation des données. La collecte de données génère aussi des résistances. À l'instar des personnes exilées qui ne veulent pas être contrôlées lors de leur parcours migratoire et qui ont refusé que leurs empreintes soient prises dans le fichier Eurodac en Grèce. À Calais, d'autres sont allées jusqu'à se brûler les doigts pour effacer leurs empreintes et ainsi ne pas être reconnues par le fichier, qui leur fait courir le risque d'être renvoyées dans le premier pays d'entrée dans l'espace Schengen.

Si les barrières physiques, on l'a vu, n'ont pas disparu, elles sont désormais utilisées en appui de techniques de contrôle de plus en plus numérisées, dont l'inflation profite avant tout à des entreprises de défense et de sécurité.

Un marché global

Le moteur des politiques contemporaines du mur est donc à chercher dans l'expansion d'un marché global de technologies. Pour le dire autrement, il existe bel et bien un intérêt commercial et industriel à murer les frontières tant par des barrières que par des technologies de pointe. Comment mesurer la taille de ce marché et identifier ses principaux bénéficiaires ? Avant toute chose, soulignons que lister l'ensemble des dépenses réalisées par les États pour la sécurité frontalière est complexe, tant les budgets sont épars et les entreprises impliquées très diverses. Les mesures financées peuvent relever de différents mécanismes budgétaires et parfois manquer de transparence, tant de la part des entreprises que des institutions étatiques qui financent. Côté industriels, la plateforme de soutien aux entreprises Markets and Markets[1] projetait l'étendue de ce marché à 52,95 milliards de dollars en 2022 (à titre de comparaison le budget de l'armée française en 2023 est envisagé à 43,9 milliards d'euros) si l'on cumule lasers, caméras, communications, barrières, drones, services de maintenance informatique et outils biométriques. Côté institutions, on peut mesurer l'ampleur des budgets alloués à la protection des frontières. Dans son cycle budgétaire 2021-2027, l'UE compte allouer 8,02 milliards d'euros pour les frontières extérieures et 11,27 milliards pour l'agence Frontex[2]. Aux États-Unis également, le budget fédéral alloué aux contrôles frontaliers et migratoires est en augmentation depuis le milieu des années 1980. Cela témoigne d'une belle continuité d'une administration fédérale à une autre, qu'elle soit

1. Markets and Markets, « Border Security System Market Worth 52.95 Billion USD by 2022 », https://www.marketsandmarkets.com/PressReleases/border-security-system.asp.

2. Mark Akkerman, *The Business of Building Walls*, Transnational Institute, rapport de 2019.

de couleur républicaine ou démocrate. Entre 2008 et 2020, le gouvernement fédéral a émis près de 106 000 appels d'offres pour un montant de 55 milliards de dollars, plus que pour la période 1975-2002[1].

Vu son potentiel de croissance, ce marché intéresse partout les acteurs économiques, dont les entreprises de travaux publics, avec les entreprises de sécurité et de technologies de surveillance, les entreprises de transport maritime et d'armement. Dans le domaine des murs terrestres et des technologies low-tech, par exemple, l'European Security Fencing est un producteur espagnol de barbelés en bobines de type « *concertina* » identifiables par ses lames de rasoir. Cette entreprise a équipé les murs de Ceuta et Melilla, la frontière hongroise, celle entre la Bulgarie et la Turquie, ainsi que le port de Calais. Aux États-Unis, l'administration Trump s'est concentrée sur le nombre de kilomètres à murer, ce qui a donc intéressé au premier chef les entreprises de construction du pays. L'une d'elles, sélectionnée lors du premier appel d'offres pour des prototypes de murs près de San Diego en mars 2018, Fisher Sand and Gravel du Dakota du Nord, était dans les petits papiers de Donald Trump. Le marché de la sécurité frontalière concerne aussi les entreprises d'informatique ou

1. Todd Miller, *More than a Wall: Corporate Profiteering and the Militarization of US Borders*, Transnational Institute, rapport du 16 mars 2019.

encore de la détention. Aux États-Unis, des groupes aussi divers que General Atomics, Lockheed Martin, G4S et IBM ont répondu aux appels d'offres émis par le gouvernement fédéral pour différentes technologies et services. General Atomics a ainsi fourni des drones de surveillance de la frontière, Lockheed Martin des avions de surveillance et des solutions de cybersécurité pour les garde-frontières et garde-côtes, G4S des services de transport de migrants arrêtés et IBM des programmes informatiques.

En plus des opportunités commerciales qu'ils représentent, les programmes de contrôle frontalier sont essentiellement élaborés au sein de partenariats publics-privés, où les industriels de la sécurité sont soutenus et parfois financés par les États. Par exemple, le programme Eurosur est issu d'un système de surveillance espagnol (Sive) des mouvements frontaliers sur les littoraux par images aériennes et satellitaires. Son élaboration à plus grande échelle repose sur l'association entre Frontex, les États membres et des entreprises privées sous l'égide d'un conglomérat allemand ESG. Celui-ci dirigea la phase de test dès 2009 en impliquant des entreprises européennes comme Thales, EADS ou encore Finmeccanica (aujourd'hui Leonardo). La phase de recherche a été financée par des fonds européens (notamment le fonds pour les frontières extérieures) et le programme-cadre pour la recherche et le développement technologique de l'Union européenne.

Les entreprises privées ne font pas que participer au contrôle ou bénéficier des investissements publics en la matière. En fait, elles contribuent activement à la définition des priorités des programmes de recherche autour de ces technologies, en concertation avec les pouvoirs publics[1]. L'Union européenne promeut la participation des industries de défense et de sécurité dans la consolidation d'un marché de sécurité européen, au nom de la lutte contre l'immigration clandestine, le terrorisme et le crime organisé. L'intérêt des institutions est de modeler et de renforcer un savoir-faire européen en la matière, exportable mondialement. Si bien que l'entreprise européenne EADS a obtenu un contrat de près d'un milliard d'euros en 2009 pour équiper en radars, caméras et systèmes de communication le mur que l'Arabie saoudite commençait à ériger à sa frontière irakienne. L'intérêt des entreprises est de financer leur recherche-développement au sein de ces programmes et d'assurer des débouchés auprès des États acheteurs. Concrètement, les entreprises de défense et de sécurité déploient des stratégies de communication, de diffusion de rapports et de consultance auprès des élus et des fonctionnaires.

1. Theodore Baird, « Interest Groups and Strategic Constructivism: Business Actors and Border Security Policies in the European Union », *Journal of Ethnic and Migration Studies*, vol. 44, nº 1, 2018, pp. 118-136.

Des forums permettent ce dialogue régulier entre institutions européennes et entreprises, à l'image de l'European Organization for Security (EOS). Créée en 2007, EOS regroupe 25 membres des industries de défense incluant Airbus, Thales et Leonardo. Elle se veut le porte-parole de l'industrie de sécurité européenne et s'organise en plusieurs groupes de travail sur la sécurité frontalière sur terre, sur mer et dans les airs[1]. Aux États-Unis, l'influence des entreprises de la sécurité va jusqu'au soutien financier aux campagnes électorales d'élus favorables au développement de ce marché du contrôle. En 2020, l'analyse des donations individuelles et via des « political action committees » démontre que Joe Biden, mais aussi des élus démocrates dans les commissions « Homeland Security » ou « Appropriations » du Congrès, ont reçu plus de contributions d'entreprises de gestion de données numériques comme Deloitte, IBM et Palantir que les républicains pour leurs campagnes électorales[2]. Elles soutiennent ainsi un candidat et un parti qui ont fait du « mur virtuel » un élément clef de leur stratégie de contrôle migratoire.

1. Martin Lemberg-Pedersen, « Private Security Companies and the European Borderscapes », *in* Thomas Gammeltoft-Hansen et Ninna Nyberg Sørensen (dir.), *The Migration Industry and the Commercialization of International Migration*, Londres, Routledge, 2013, pp. 152-172.

2. Nick Buxton et Todd Miller, *Biden's Border: the Industry, the Democrats and the 2020 Elections*, Transnational Institute, 17 février 2021.

Toutefois, il serait trop simpliste de conclure que l'industrie de la sécurité frontalière dicte les décisions politiques en la matière. Les acteurs publics, les États membres et les institutions dominent le mécanisme décisionnel. Les industriels dressent le décor de ce qui est faisable et possible de construire en tirant une certaine légitimité dans les processus décisionnels et bien entendu des profits. Autrement dit, ils présentent l'enjeu migratoire et frontalier comme « menaçant » et nécessitant des solutions technologiques qu'ils sont à même de fournir. À l'instar d'EOS qui utilise abondamment la rhétorique de la « crise » aux frontières, des « menaces terroristes, criminelles et migratoires » et de « l'urgence » de la situation pour mieux souligner le besoin de « réponse globale » pensée en termes de technologies. En revanche, ce processus de décision au service des intérêts privés n'est pas sans soulever certains dilemmes normatifs. Premièrement, les acteurs de la société civile sont très peu consultés ou alors après les phases de test. Ce fut le cas lors de la mise en œuvre d'Eurosur, avalisée par un règlement en octobre 2013. Les ONG comme les parlementaires européens ont été mis devant le fait accompli, sans pouvoir mener de discussions sur l'opportunité de déployer cet outil aux frontières. Le risque de cette harmonie entre le marché et les États est donc que la logique de militarisation des frontières s'autoalimente et tende à se déconnecter de la compréhension des enjeux migratoires au profit de la croissance d'un marché avant tout. Deuxièmement, la responsabilité juridique des entreprises dans le contrôle migratoire n'est que peu engagée car difficile à établir. Par exemple, le recours à des entreprises privées pour exercer des tâches étatiques, comme l'octroi de visa, crée une distance entre le demandeur et les fonctionnaires, et dilue la responsabilité de la décision de refus et donc les possibilités de contestation. Troisièmement, les budgets sont généralement opaques au sein de l'UE sur ces questions, ce qui pose un problème de contrôle des dépenses et des engagements budgétaires.

Homogénéisation de la sécurité frontalière

L'achat et la vente de ces technologies sur un marché international tendent à homogénéiser les frontières à l'échelle du globe. En effet, il n'y a pas que les humains et les marchandises qui circulent à travers les frontières. Des discours (sur le terrorisme, la migration, les trafics), des techniques (de surveillance, de patrouille), des technologies, ainsi que des savoirs et des experts circulent d'une frontière à une autre et, ce faisant, les rendent similaires. L'Europe peut ainsi charger les pays d'Afrique de contrôler les migrations au départ du continent par externalisation, transfert ou imitation de techniques et de pratiques d'une agence de sécurité à une autre, ce qui standardise des manières de contrôler. Ces transferts génèrent de la compétition entre États et entreprises nationales qui cherchent à conquérir de nouveaux débouchés et à placer leurs entreprises. L'UE a développé une stratégie de transfert de ses pratiques de contrôle jusqu'aux frontières africaines. Les États-Unis façonnent également les frontières d'Amérique centrale. Ce n'est pas sans conséquence. Il ne s'agit pas que d'une externalisation unidirectionnelle. La sécurité frontalière est réappropriée par des régimes parfois autoritaires, via leurs forces de sécurité locales, qui en viennent à développer une culture du contrôle faisant peu de cas des équilibres économiques et des mobilités existantes dans les régions contrôlées.

En exportant des technologies de surveillance vers l'Afrique, les Européens font jouer aux États africains le rôle de portiers de l'Europe, que ce soit les pays de départ des migrations (au Sahel et en Afrique subsaharienne) ou de transit (au Maroc ou en Libye). Cette pratique a commencé dans les années 2000, d'abord le long de la voie migratoire occidentale via le Sénégal, la Mauritanie, le Maroc et l'Espagne, puis s'est développée, au début des années 2010, en Afrique sahélienne vers la Libye et la Méditerranée centrale. C'est au nom de la lutte contre le terrorisme et la migration non autorisée que l'UE et ses États membres ont mis en place des mécanismes ambitieux de financement de projets de sécurité frontalière. Ces financements alimentent aussi bien la coopération policière, la création de postes de contrôle frontaliers et la mise en œuvre de procédés biométriques pour enregistrer et tracer les mobilités. Les montages de ces projets de coopération sécuritaires sont complexes et impliquent diplomates, organisations internationales (comme l'Organisation internationale pour les migrations, ou OIM), professionnels de la sécurité, Frontex, Interpol et les polices et armées des pays concernés. Il s'agit donc de créer une vraie politique de sécurité frontalière dans des États qui en étaient jusqu'à présent dépourvus.

Les pays du Sud ne sont cependant pas dénués de pouvoir de négociation et d'adaptation. Les États de la région épousent le discours européen en échange de financements et d'aides au développement afin de consolider leur administration et sortir légitimés sur la scène internationale. Les programmes et tactiques élaborés en Europe se heurtent à des pratiques locales qui peuvent toutefois en réduire la portée. Ils peuvent aussi générer des affrontements parmi la multitude d'acteurs locaux et internationaux impliqués. En 2010 par exemple, la Mauritanie[1] annonce s'équiper de 45 postes frontaliers financés par

1. Philippe M. Frowd, *Security at the Borders: Transnational Practices and Technologies in West Africa*, Cambridge University Press, 2018.

l'UE et l'OIM. La délégation du Service européen pour l'action extérieure supervise les fonds dédiés au développement dans les zones frontalières. La France, l'Espagne et l'Allemagne se retrouvent en compétition pour les formations des policiers et la gestion de programmes d'aide au développement. L'OIM et une organisation bruxelloise, l'International Centre for Migration Policy Development (ICMPD), sont en charge de la biométrie. La constitution de ces postes dans des zones parfois désertiques contribue à la visibilité de l'État mauritanien tout en créant des pôles d'attraction commerciaux des populations nomades. Néanmoins, les technologies déployées se heurtent à des dysfonctionnements, des problèmes d'interconnexion des appareils informatiques, des rivalités entre les différentes polices et administrations, des problèmes de formation et de mise en œuvre et de récalcitrance des populations à l'usage de la biométrie. Comme dans d'autres États de la région, ces programmes s'arc-boutent sur l'obsession de contrôler les frontières, au détriment d'une compréhension des luttes internes propres aux régimes politiques, des rapports des sociétés à leurs administrations et à la mobilité.

Pire, l'exportation du contrôle européen en Afrique semble déstabiliser l'équilibre social et économique local. Le Niger en est un bon exemple. Ce pays est aujourd'hui considéré comme le verrou de l'UE au Sahel. À la suite de la fermeture de la voie occidentale par le Maroc et l'Espagne, de la guerre civile au Mali en 2012 et de la chute de Kadhafi en 2011 (jusqu'alors un partenaire clef de l'UE dans le contrôle des migrations africaines), le Niger devient la voie d'accès privilégiée des migrations africaines vers le Nord. Régime jugé suffisamment stable dans la région, il concentra les efforts de contrôle de l'UE, du moins jusqu'au coup d'État militaire du 26 juillet 2023, j'y reviendrai. Cette stratégie est avalisée au sommet Europe-Afrique de la Valette, en 2016, où un « Fonds fiduciaire d'urgence en faveur de la stabilité et de la lutte contre les causes profondes de la migration irrégulière et du phénomène des personnes déplacées en Afrique » de 4,09 milliards d'euros[1] est créé pour aider les États du Sahel, d'Afrique du Nord et de la Corne à lutter contre l'immigration clandestine et à renforcer leurs capacités de contrôle. Concrètement, ces États ont pu former leurs forces de sécurité et de justice, mettre en œuvre avec l'OIM des plans de « retour volontaire » de migrants africains depuis l'Europe et utiliser les aides au développement vers des projets de lutte contre les départs et de stabilisation des populations. Ces projets se situent surtout au cœur d'une région instable, en proie au terrorisme. Le contrôle frontalier est donc inséré dans d'autres

1. Florence Boyer, « Sécurité, développement, protection : le triptyque de l'externalisation des politiques migratoires au Niger », *Hérodote*, vol. 172, n° 1, 2019, pp. 171-191.

formes de coopération policière (comme l'EUCAP Sahel Niger, la mission civile de gestion de crise de l'UE, lancée en 2012) ou encore dans le cadre du déploiement militaire du G5 Sahel depuis 2014. C'est pourquoi l'approche européenne du contrôle met essentiellement l'accent sur le sécuritaire via le renforcement des forces de police, gendarmeries et des services de renseignement. Elle finance des entraînements et de l'équipement pour les forces de sécurité, l'organisation du système pénal, ou encore la construction de postes-frontières mobiles le long des points d'eau ou des routes, et la participation au système biométrique MIDAS (Migration Information and Data Analysis System) de l'OIM. Le Niger n'a pas fait que recevoir cette manne financière et technique. Il s'est complètement fondu dans le discours de contrôle frontalier en adoptant en 2015 une loi « relative au trafic illicite de migrants » qui pénalise le transport et l'hébergement de migrants qui franchiraient la frontière sans autorisation. Conséquence : des chauffeurs et des hébergeurs sont arrêtés, des véhicules sont saisis. Le contrôle migratoire mis en œuvre par le Niger s'en est donc pris aux opportunités économiques locales liées au transit de migrants. C'est pourtant cette économie du passage qui a permis de compenser l'effondrement de l'économie touristique, mise à mal par les rébellions touaregs, par exemple dans une ville comme Agadez, lieu de transit vers le Nord. Ces mesures ont exacerbé les tensions entre élites locales, Touaregs et le gouvernement de Niamey. Dans ces programmes, la lutte contre la corruption et les exactions des polices vis-à-vis des migrants et des populations frontalières ne sont pas vraiment prises en compte. En novembre 2023, la junte militaire au pouvoir a abrogé la loi de 2015, la jugeant « influencée par des puissances étrangères ». La junte tente alors de s'attirer l'allégeance des populations touaregs, d'ailleurs cette abrogation a été bien reçue à Agadez. Il y a fort à parier que le nouveau régime va monnayer le verrouillage des routes migratoires nigériennes au prix fort avec l'UE.

Déstabilisatrice et inadaptée aux enjeux migratoires, politiques et économiques de la région, l'exportation des techniques de contrôle européennes n'est guère convaincante. Cette approche contribue surtout à nourrir un amalgame entre militarisation des frontières, lutte antiterroriste et migration. Elle néglige l'aide à l'agriculture, la compréhension des conflits fonciers et plus largement la lutte contre la pauvreté dans des régions en proie à la désertification. Elle s'oppose également au principe de libre circulation des populations de la région, bien que portée par les États membres de la CEDEAO (Communauté économique des États de l'Afrique de l'Ouest). De plus, les personnes se sont adaptées aux contrôles en empruntant d'autres voies, plus discrètes mais plus dangereuses, vers la Libye, qui augmentent le coût du passage et le risque de mourir de déshydratation.

La multiplication des points de contrôle, le déploiement de technologies et le quadrillage de territoires entiers contribuent à « épaissir » la frontière dès les pays de départ et de transit dans le but de dissuader toute intention de migrer vers le Nord. C'est aussi le mécanisme entretenu par les États-Unis vis-à-vis du Mexique et de l'Amérique centrale, ainsi que des Caraïbes. Ce processus de transfert du contrôle états-unien dans son voisinage n'est pas nouveau. Il remonte aux années 1980, avec le contrôle des *boat people*, venus essentiellement de Haïti, de Cuba et de République dominicaine. L'administration Reagan négocie alors avec Haïti des procédures d'arrêt des bateaux en mer et de renvoi : les migrants sont détenus sur la base militaire de Guantanamo ou à Puerto Rico avant d'être répartis dans des pays de la région[1]. L'après-11 septembre 2001 ajoute encore une raison de contrôler l'accès aux États-Unis. Les États-uniens ont par

1. Cédric Audebert et Nelly Robin, « L'externalisation des frontières des “Nords” dans les eaux des “Suds” : l'exemple des dispositifs frontaliers américains et européens visant au contrôle de l'émigration caribéenne et subsaharienne », *Cultures & Conflits*, vol. 73, n° 1, 2009, pp. 35-51.

conséquent imposé une culture de la sécurité frontalière dans leur voisinage et dans d'autres endroits du monde via des partenariats entre les forces de sécurité. Sur terre, des centaines de millions de dollars sont déployées à destination des polices et militaires mexicains et centraux-américains par exemple. L'unité Bortac de la Border Patrol, notamment, entraîne les polices nationales et fournit des technologies et de l'équipement. Au Guatemala, la *task force* Chortí a reçu, en 2015, pour 13,4 millions de dollars d'outils de communication, de renseignement, de matériel, d'armement, de *checkpoints* et d'organisation de patrouilles[1]. Le Mexique est aussi un acteur clef du renforcement du contrôle migratoire états-unien, dans un rapport toutefois plus défiant envers son voisin du Nord. Après la crise économique de 2008, l'arrivée non autorisée de migrants mexicains aux États-Unis a fortement diminué au profit de ressortissants d'Amérique centrale. Le Mexique a donc été considéré par les États-Unis comme un « pays de transit » sur lequel s'appuyer pour contrôler l'immigration en provenance d'Amérique centrale. Washington voudrait que le Mexique soit le lieu d'examen des demandes d'asile provenant de ressortissants du Honduras, du Salvador, du Guatemala ou encore du Venezuela. Donald

1. Todd Miller, *Empire of Borders: the Expansion of the US Border around the World*, Verso Book, 2019.

Trump met ainsi en place le Migrant Protection Protocols, maintenu par l'administration Biden. Ce protocole oblige les migrants à demander sur Internet l'asile dans un pays qu'ils traversent avant d'arriver à la frontière états-unienne. Le Mexique se retrouve à devoir gérer des demandes d'asile tout en alertant sur le manque de moyens de ses services publics pour accompagner le passage de migrants sur son territoire. Bras de fer sur l'asile d'un côté, mais coopération totale sur le contrôle frontalier de l'autre. L'initiative Merida de 2008 a renforcé l'appui des États-Unis à la lutte du gouvernement fédéral mexicain contre le narcotrafic et le crime organisé. Elle a progressivement permis aux Mexicains d'accorder une attention plus grande aux migrations. Le programme Frontera Sur, lancé en 2014, a lui aussi été financé par les États-Unis pour multiplier les points de contrôle comme dans l'isthme de Tehuantepec[1]. En retour, les routes migratoires se sont complexifiées, les passages par bus ou train se sont effectués dans la clandestinité et souvent à la merci de la criminalité organisée. Comme dans le cas de l'exportation du contrôle européen, l'exportation du contrôle états-unien ne prend pas en compte la protection des personnes en migration. Par une approche

1. Laurent Faret, « Enjeux migratoires et nouvelle géopolitique à l'interface Amérique latine-États-Unis », *Hérodote*, vol. 171, nº 4, 2018, pp. 89-105.

essentiellement sécuritaire des mobilités, il parvient surtout à renforcer et à équiper des services de police en omettant les raisons des départs vers le Nord, c'est-à-dire les conditions socio-politiques difficiles en Amérique centrale. Or, les enjeux migratoires, rappelons-le, dépassent le cadre d'un seul État.

Des modèles de sécurité frontalière

Dans ce marché mondial des technologies et des savoir-faire de contrôle des mobilités humaines, certains États se sont érigés en modèle. Ils acquièrent une notoriété dans le contrôle frontalier, sont imités par d'autres États et contribuent à diffuser une culture du contrôle à travers le monde. C'est le cas par exemple d'Israël et de l'Australie, bien que de deux manières différentes. Commençons par Israël. Les technologies de contrôle israéliennes se retrouvent dans de nombreux endroits du globe, notamment à la frontière entre les États-Unis et le Mexique. L'entreprise Elbit Systems est en contrat depuis février 2014 avec le ministère de la Sécurité intérieure américain pour bâtir le « mur virtuel » en Arizona, après avoir fourni dès 2004 ses drones de surveillance Hermes[1].

1. Todd Miller, « Gaza in Arizona: How Israeli High-Tech Firms Will Up-Armor the US-Mexican Border », *Truthout*, 26 janvier 2015.

Une autre entreprise israélienne, Magal Security Systems, qui a construit 170 kilomètres du mur en Cisjordanie et rénové celui autour de Gaza, a été un partenaire potentiel pour le projet de mur de Trump. On retrouve également des technologies israéliennes sur les barrières indiennes installées au Cachemire en 2012[1]. À travers le monde, de nombreux militaires et hommes politiques ne cachent pas leur fascination pour les technologies et tactiques de contrôle israéliennes des frontières, pourtant élaborées dans un contexte géopolitique particulier. Rappelons que la société israélienne se vit comme majoritairement entourés d'ennemis et que l'État israélien se construit par conquête territoriale – la conquête débouchant en 1967 sur une occupation militaire durable des Territoires palestiniens. Son gouvernement a mis en œuvre en 2002 un projet de mur en Cisjordanie au nom de la lutte contre le terrorisme palestinien, après avoir blindé sa frontière avec le Liban, Gaza et le Golan, avant de faire de même avec l'Égypte à partir de 2011, face à l'arrivée d'Érythréens et de Soudanais. Cette expertise de contrôle du territoire implique un système, affiné au fil des années, de surveillance des déplacements des Palestiniens de Cisjordanie et de Gaza par de la biométrie, par des *checkpoints*

1. Shir Hever, *The Privatization of Israeli Security*, London, Pluto Press, 2018, p. 151.

et par un système de permis (de travail, de construction ou de déplacement). Ce système implique des entreprises comme Microsoft, Dell, Cisco Systems ou IBM[1]. Les différentes technologies sont testées *in situ*, en particulier lors des affrontements avec le Hamas ou d'autres organisations combattantes palestiniennes à Gaza. Cette situation sécuritaire a contribué à faire exploser les ventes d'armement israélien à travers le monde et à exporter des techniques et outils élaborés dans ce contexte géopolitique précis à d'autres contextes frontaliers ou plus largement de maintien de l'ordre. On décèle ainsi des tactiques israéliennes de combat en zone urbaine dans la formation des policiers au Brésil qui opèrent dans certaines *favelas*. Les canaux diplomatiques et militaires permettent à des coopérations de s'établir sur le plan technique et technologique. C'est ce qui se trame aujourd'hui dans les accords d'Abraham, normalisant les relations entre les Émirats arabes unis, le Bahreïn et l'État israélien et ouvrant la voie à des exportations de technologies tant dans des domaines civils que militaires. Israël est aussi un modèle d'entreprenariat économique en la matière, de par les liens étroits noués entre armée, industries de l'armement et start-up

1. Who Profits, « The Role of Big Tech in the Israeli Occupation Economy », 22 mai 2023 (rapport accessible en ligne).

innovantes[1]. Au cours de son histoire, grâce au soutien financier des États-Unis, Israël a pu se spécialiser dans l'élaboration d'outils électroniques, optiques, lasers et de ciblage destinés à l'exportation, puis d'outils de détection et de surveillance, comme les drones, ou des logiciels espions, comme Pegasus. Ce dernier fit scandale en 2021 à cause de son usage par des gouvernements, notoirement celui du Maroc, cherchant à espionner des avocats, des militants et des responsables politiques de plusieurs pays, dont la France. Dans le contexte de privatisation de l'armement depuis les années 1980, de soutien public à la recherche via les liens étroits entre entreprises et armées, puis de « guerre contre le terrorisme » des années 2000, Israël a su se constituer en une marque de sécurité pour gérer des menaces asymétriques (terrorisme, migration, contrebande) et analyser les risques dans le cadre de conflits dits de « basse intensité ». Les attaques du 7 octobre 2023 sont venues écorner cette réputation de marque de protection du territoire et des civils israéliens. La guerre de « haute intensité » depuis lors à Gaza se singularise par des expérimentations (bombardements par intelligence artificielle, guerre souterraine, défense antimissile) aussi innovantes sur le plan

1. Neve Gordon, « Israel's Emergence as a Homeland Security Capital », *in* Elia Zureik, David Lyon et Yasmeen Abu-Laban (dir.), *Surveillance and Control in Israel/Palestine: Population, Territory and Power*, Londres et New York, Routledge, 2012, p. 153 *sq.*

militaire qu'effroyables au regard des crimes de guerre plausibles à l'encontre des populations civiles palestiniennes liés à leur usage.

Quant à l'Australie, sa gestion « offshore » de la sécurité frontalière fait également office d'inspiration pour d'autres États. Depuis les années 2000, l'Australie a misé sur la « solution du Pacifique[1] ». Celle-ci est réaffirmée en 2013 lors de l'opération Frontières souveraines qui interdit l'accès à son territoire insulaire aux demandeurs d'asile. Concrètement, la marine australienne procède à des interceptions et des refoulements des bateaux pour mieux placer ses arrivants en détention « au large » sur deux îles, Manus Island en Papouasie-Nouvelle-Guinée et l'île-État de Nauru. Cette détention obligatoire est censée durer le temps de l'examen des demandes d'asile. Il s'agit en réalité d'une détention de long terme dans des conditions désastreuses dénoncées par les ONG, au point que la Cour suprême de Papouasie-Nouvelle-Guinée a ordonné en 2020 la fermeture de ces lieux insalubres (les Australiens acceptant de fermer le centre l'année suivante). Cette « solution » vise surtout à faire porter la charge des demandeurs d'asile à des États tiers. Ce processus a été discuté au sein du Conseil européen en 2018 pour gérer les

1. Josh Watkins, « Bordering Borderscapes: Australia's Use of Humanitarian Aid and Border Security Support to Immobilise Asylum Seekers », *Geopolitics*, vol. 22, n° 4, 2017, pp. 958-983.

demandes d'asile en Afrique du Nord, ce qui a été refusé par la Tunisie et le Maroc. Plus récemment, en mai 2024, 15 pays ont proposé à la Commission européenne de transférer les migrants arrêtés dans un pays partenaire hors de l'UE pour y étudier leur demande d'asile, à l'image de ce que l'Italie souhaite faire avec l'Albanie. Avant tout, ce modèle de gestion « offshore » est plébiscité par le Royaume-Uni, qui cherche à expulser les demandeurs d'asile arrivés sans autorisation par bateau par la Manche (45 000 en 2022 contre 1 900 en 2019). En plus de financer le renforcement de la côte française, le Royaume-Uni souhaite signer des accords avec des pays tiers pour qu'ils gardent les refoulés et que l'asile soit examiné sur place. À ce titre, un accord a été signé avec le Rwanda en avril 2022, mais le processus a été invalidé par la justice britannique en novembre 2023 et rejeté par la Chambre des Lords, considérant que le pays n'était pas « sûr » pour les personnes renvoyées. Ce camouflet n'a pas empêché le gouvernement britannique de continuer, par une nouvelle loi adoptée en avril 2024 et un nouvel accord avec Kigali, à déjouer ces injonctions juridiques et parlementaires, croyant ainsi « dissuader » l'immigration clandestine. Comme pour l'Australie, ce procédé est contraire aux conventions de Genève régissant le statut de réfugiés. Il met en œuvre un refoulement sans que la personne n'ait pu demander l'asile et ne respecte pas la notion de

« pays sûr » où un débouté de l'asile peut être renvoyé. Cette gestion « offshore » de l'asile est aussi contraire à une décision sur la légalité du projet de la Cour européenne des droits de l'homme de juin 2022. L'exemple australien, et sa caricaturale imitation britannique, constitue un détricotage du droit d'asile et du droit international tout en faisant porter la responsabilité du traitement des migrants à des États qui ne respectent pas les standards internationaux ou ne sont pas capables de les accueillir.

De plus, ce qui se joue également dans l'exportation et la diffusion de ces modèles de sécurité frontalière est la réduction de la migration à un objet de marchandage diplomatique, parfois à l'avantage des États qui doivent garder les migrants sur leur sol pour le compte d'autres, contre monnaie sonnante et trébuchante. Dans le voisinage de l'UE, c'est le rôle qu'ont assumé, tour à tour, la Lybie de Khadafi avant 2011, la Turquie en 2016 ou encore le Maroc en mai 2021. Ces trois États ont su tirer parti, financièrement et diplomatiquement, de leur rôle de verrou migratoire – à commencer par l'obtention de moyens de contrôle pour leurs forces militaires et policières et des visas pour leurs ressortissants. C'est aussi ce qu'entend poursuivre l'UE à la suite de l'adoption du Pacte européen sur la migration et l'asile en avril 2024 par la généralisation de « partenariats stratégiques » avec le Sénégal, la Mauritanie, le Liban ou l'Égypte, mélangeant coopération sécuritaire et renvoi des migrants et des déboutés de l'asile.

L'échange de technologies, de techniques et de modèles de contrôle migratoire est au cœur des relations entre États aujourd'hui. En plus de soulever de nombreux dilemmes éthiques, la diffusion de ces technologies et savoir-faire tend à structurer un marché devenu florissant et désormais moteur dans les choix politiques. En effet, les décisions semblent avant tout profiter aux entreprises de défense et de sécurité, sans prendre suffisamment en compte les conséquences déstabilisatrices du renforcement local du contrôle, les cas de corruption et d'abus policier et militaire ni l'évolution des migrations. Leur diffusion sur un marché mondialisé tend aussi à homogénéiser les frontières à travers le monde et à déplacer le contrôle bien en amont des pays d'arrivée, dans une quête sans fin de mise à distance et de sous-traitance des enjeux migratoires. Le respect du droit d'asile, notamment, est passé par pertes et profits. C'est ainsi une « culture du contrôle frontalier[1] » qui se diffuse partout. Cette doxa du contrôle et du mur, désormais en grande partie technologisé et numérisé, ne repose pas uniquement sur l'entrave aux

1. Ruben Zaiotti, « Mapping Remote Control: the Externalization of Migration Management in the 21st Century », *Externalizing Migration Management*, Routledge, 2016, pp. 19-46.

mobilités. Au contraire, les murs ne doivent pas être réduits à des obstacles. Ils organisent plutôt le filtre des circulations transfrontalières « désirables » comme les échanges commerciaux, le tourisme ou encore les travailleurs migrants.

Chapitre 3

UN MUR QUI FILTRE

> « Ça dépendait de quel côté on se plaçait, du côté de la mer qui les avait fichus en l'air, ces barrages, [...] ou au contraire, du côté de ceux qui avaient mis six mois à les construire dans l'oubli total des méfaits pourtant certains de la mer et des crabes. »
>
> Marguerite Duras, *Un barrage contre le Pacifique* [1950], Paris, Gallimard, 1997, p. 48.

En avril 2019, face à une augmentation des arrivées de personnes en migration à la frontière mexicaine, Donald Trump menace de fermer certains postes-frontières aux États-Unis pour mobiliser des agents de la Border Patrol ailleurs. Les acteurs commerciaux, tant locaux que nationaux, se mobilisent alors publiquement pour contester cette décision, attentatoire au fonctionnement de leurs chaînes logistiques. Jon Barela, le directeur du groupe d'intérêt commercial transfrontalier Borderplex Alliance (basé à El Paso au Texas et Ciudad Juárez côté mexicain), rappelle sur CNN que « fermer les ponts et les postes douaniers, voire menacer de le faire, aurait un impact dévastateur et coûterait immédiatement des dizaines de millions de dollars à l'économie américaine [...]. Certains camions, très importants pour nos chaînes de production, attendent 12 heures et plus [...], ce qui est très négatif économiquement pour les États-Unis ». Barela menace : les tomates mexicaines destinées aux pizzas fabriquées à Chicago vont pourrir à la frontière. Le chef des élus républicains au Congrès Mitch McConnell s'exprime également sur CNN en faveur du maintien de l'ouverture de la frontière au nom de la circulation des produits et notamment des denrées alimentaires. Ensemble, ils parviennent à faire reculer Donald Trump tout en mettant les projecteurs sur les deux milliards de dollars de commerce qui traverse la frontière chaque jour. Ce qui se trame dans cet exemple de controverse autour de la sécurité frontalière, c'est une contestation publique de la signification de la frontière et du rapport à l'étranger. Schématiquement, les acteurs pro-mur comme Donald Trump défendent une conception de la sécurité frontalière sous le signe de l'exclusion des migrants et surtout de la visibilité du contrôle. Les acteurs « pro-commerce » défendent quant à eux une conception du sécuritaire frontalier comme un filtre de la force de travail, des investissements et des marchandises utiles à leur fonctionnement économique. La sécurité frontalière se caractérise alors par une tension permanente entre ce qui traverse et ce qui entrave.

À ce titre, se focaliser sur le mur obscurcit la compréhension du fonctionnement des frontières contemporaines. L'objectif des politiques de mur n'est pas d'arrêter les mobilités mais bien de filtrer ce qui peut circuler avec le bon laissez-passer, donc de trier les mobilités jugées « désirables ». *De facto*, les effets de renforcement frontalier sont aussi concomitants aux effets d'allègement voire de suppression des contrôles. La détermination du filtre est partout controversée. Il convient par conséquent d'aborder le mur comme un filtre issu de négociations, de coopérations, d'affrontements et de revendications politiques dans lesquels le rapport à l'étranger et au territoire, ainsi que les modalités concrètes de contrôle, sont constamment débattus. Ce filtre se détermine au croisement de trois logiques : l'intérêt commercial et économique, la raison humanitaire et la conception raciste des mobilités humaines. En effet, pour certains acteurs économiques, la frontière est une ressource qui doit permettre la fluidification, mais aussi la taxation, des marchandises et de travailleurs migrants considérés comme « essentiels ». Ensuite, pour d'autres acteurs, sauver des vies justifie de laisser passer des personnes en migration au nom d'une logique d'assistance humanitaire, bien que celle-ci ne soit pas dénuée d'ambiguïté, car pouvant légitimer davantage de contrôle. Enfin, la frontière sous l'angle du filtre interroge sur les privilèges et inégalités dans la mobilité à l'échelle mondiale. Le contrôle frontalier soupèse et hiérarchise l'importance des vies humaines. Autrement dit, le tri des individus à de nombreuses frontières, entre ceux dignes de mobilité et les autres, s'effectue aussi selon des critères racialisés.

La frontière comme ressource

Pour nombre d'acteurs économiques et politiques, la frontière représente une ressource. Elle relie plus qu'elle ne sépare, insistent-ils. Sa bonne gestion passe par des interactions régulières, des mécanismes de gouvernance transfrontaliers facilitant le commerce, le tourisme et visant à développer une culture transfrontalière. En cela, les flux économiques et commerciaux, les cultures frontalières locales, les tissus de relations politiques transfrontaliers entrent en compétition avec les politiques nationales de mur[1].

L'Union européenne, par exemple, soutient des projets de coopération transfrontaliers dans des domaines comme l'environnement, la santé,

---

1. Emmanuel Brunet-Jailly (dir.), *Borderlands: Comparing Border Security in North America and Europe*, University of Ottawa Press, 2007.

les transports ou l'urbanisme. Elle le fait en soutenant une gouvernance impliquant régions, villes, communautés de communes aux frontières. De sorte qu'elle favorise la coopération des « Eurorégions », via ses programmes Interreg, pour 10 milliards d'euros entre 2014 et 2020. En guise d'exemples, un hôpital franco-espagnol à Puigcerdà a été inauguré en 2014, des programmes éducatifs pour la paix ont été soutenus en Irlande du Nord, des projets urbains ont été financés dans le cadre du regroupement d'une ville frontalière, Tornio-Haparanda, entre la Suède et la Finlande. En terres africaines également, des projets de coopération transfrontalière existent. Alors même que le contrôle des frontières étatiques y est de plus en plus important, les frontières sont aussi considérées comme sources de richesse et de croissance. Les points transfrontaliers sont le « lieu de tous les calculs[1] » et permettent de canaliser le commerce le long de corridors intrarégionaux et transcontinentaux, soutenus par des initiatives comme le Programme de politiques de transport en Afrique (SSATP). Ces programmes tentent de se maintenir même dans des situations de crise où les groupes armés veulent aussi bénéficier et ordonner, à leur profit, le commerce transfrontalier. Aux

1. Thomas Cantens, « Frontières fragiles en Afrique subsaharienne : le nexus, économie et insécurité aux frontières », *antiAtlas Journal*, n° 3, 2019 (disponible en ligne).

confins du Tchad, du Niger et du Nigeria, Boko Haram a soutenu le commerce transfrontalier en instaurant un péage sur les camions tout en travaillant ses soutiens politiques parmi les commerçants. Le mouvement djihadiste devient ainsi un acteur de la gouvernance du commerce transfrontalier et impose une fiscalité en compétition avec les États tout en cherchant à renforcer sa légitimité auprès des populations.

A priori, il semble facile d'estimer que la frontière et le contrôle représentent une contrainte pour l'activité économique. En réalité, la frontière est un outil économique incontournable pour le capitalisme contemporain. C'est aussi à ce titre qu'elle se comprend comme une ressource. Filtrer les flux de marchandises, de mains-d'œuvre et de capitaux est aujourd'hui central pour le développement de l'économie à l'échelle globale. Autrement dit, les frontières « jouent un rôle clef dans la production d'espaces-temps hétérogènes du capitalisme mondialisé et postcolonial[1] ». L'activité économique est façonnée par les facilitations ou entraves aux circulations de marchandises et de travailleurs et par les différentes taxations douanières ou fiscales mises en œuvre par les États. Le soutien à ces ressources économiques par les pouvoirs publics est

1. Sandro Mezzadra et Brelt Neilson, *Border as Method, or, the Multiplication of Labor*, Duke University Press, 2013, p. ix (nous traduisons).

particulièrement important en ce qu'il permet d'assurer la compétitivité d'un territoire, les avantages comparatifs d'une économie et son attractivité pour des investisseurs et des entreprises de rang mondial. Les États tentent donc d'ajuster leurs contrôles frontaliers (ports, aéroports, autoroutes) à la logistique des approvisionnements. Cette dernière se caractérise par la production à « flux tendu » qui réduit au maximum le temps de fabrication et de stockage des produits manufacturés.

La frontière doit contrôler sans ralentir, réussir à filtrer ce qui doit être entravé et en même temps fluidifier et accélérer les échanges jugés légitimes. Pour cela se déploient des modalités de contrôle numérisé de prétaxation et de prédéclaration en amont des postes frontaliers. Les ports maritimes rivalisent de procédures de numérisation des contrôles douaniers et d'appairages entre camions et marchandises pour attirer les transporteurs comme RX SeaPort à Zeebruges en Belgique et ainsi éviter le plus possible les files d'attente aux postes-frontières. Cet impératif de fluidité du commerce entraîne un contrôle par analyse de risque, non systématique. Les trafiquants de drogue savent pertinemment que les ports de commerce internationaux comme Anvers en Belgique sont les meilleurs endroits pour faire transiter la cocaïne d'Amérique latine. Celle-ci est dissimulée dans les fruits amenés par containers dans un port où tout doit aller vite et où seulement 1,5 à 2 % des containers sont contrôlés pour ne pas faire périr les produits frais.

Concilier circulation des marchandises et rétablissement des contrôles frontaliers a également été au cœur des négociations de l'accord de retrait du Royaume-Uni du marché commun européen au nom du Brexit voté en 2016. La séparation politique a notamment été motivée par une volonté de « reprendre le contrôle » de l'immigration vers les îles britanniques. Rappelons au passage qu'à ce titre, le Royaume-Uni finance le blindage du port de Calais et de l'entrée du tunnel sous la Manche côté français par des barbelés, des dispositifs de surveillance, des éclairages et un « mur anti-migrants » aux abords de la rocade portuaire. Mais cette volonté de séparation politique s'est heurtée à la difficulté d'organiser de nouvelles procédures de contrôle des marchandises et de taxation douanière aux frontières avec l'UE. Jusqu'aux négociations finales de l'accord de divorce en décembre 2020, la sortie du pays du marché commun risquait de se solder par un rétablissement de droits de douane, de possibles quotas d'exportations/importations et l'imposition de normes de production pour une économie très intégrée à celle de l'UE. À Douvres et à Calais, le risque était de rétablir les contrôles physiques et systématiques avant l'embarcation, augmentant le temps et donc le coût de transport. L'accord fut finalement conclu sur un principe d'absence de droits de douane et de quotas. Néanmoins, les entreprises européennes comme britanniques ont dû progressivement s'adapter à commercer avec un « État tiers », c'est-à-dire à déclarer leurs marchandises mais aussi à se plier à davantage de contrôles phytosanitaires. La France, la Belgique et, avec moins d'anticipation, le Royaume-Uni ont accéléré des mécanismes de numérisation des procédures douanières, ce qui ne peut fonctionner que par une forte coopération des douanes et par un partage de données entre elles. Même dilemme côté nord-irlandais, comment rétablir des contrôles fiscaux et des normes de production tout en évitant de trop renforcer la frontière entre les deux Irlandes, ce qui serait contraire aux accords de paix de 1998 entre nationalistes et unionistes ? Le protocole nord-irlandais mis à jour le 27 février 2023 entre la Commission européenne et le Royaume-Uni prévoit un contrôle des marchandises dans les ports entre la Grande-Bretagne et l'Irlande du Nord en fonction de leur destination tout en maintenant l'Irlande du Nord dans le marché commun européen. Cette solution a été rejetée par les unionistes mais aussi décriée par les entreprises britanniques qui ont constaté des difficultés d'approvisionnement et une surcharge des procédures administratives. Dans ces différents cas, les modalités du contrôle frontalier, en particulier son degré de numérisation et de mise en œuvre physique, impactent fortement le commerce. La sécurité frontalière représente bien un outil économique déterminant pour l'organisation des productions.

Les points d'entrée frontaliers sont des lieux de filtre des marchandises mais aussi des travailleurs migrants, jugés essentiels pour certains secteurs économiques. Là encore, la mobilité de ces travailleurs est comprise entre contrôle de sécurité et facilitation de leur traversée. Les États-Unis et leur frontière militarisée avec le Mexique en donnent le parfait exemple. Les réformes migratoires de 1986 et de 1996 ont été motivées par des besoins de facilitation d'accès à une main-d'œuvre immigrée, mexicaine notamment, installée sur le territoire ou traversant la frontière dans des États frontaliers comme l'Arizona de manière saisonnière. Dans les champs du comté de Yuma, il est courant de voir des travailleurs mexicains journaliers qui s'acquittent du travail agricole pénible comme le ramassage de fruits et de légumes. En Arizona, ils seraient entre 15 000 et 18 000 à traverser la frontière tous les jours avec un visa de travailleur temporaire dont l'obtention est pourtant complexe pour les entreprises.

L'espace israélo-palestinien est un autre terrain où la mobilité de travailleurs palestiniens à travers le mur est non négligeable. En effet, une autre lecture de la politique du mur israélienne peut s'effectuer à partir de ceux qui continuent à traverser, tant vers les colonies qu'Israël. Leur mobilité par les *checkpoints* dépend de l'obtention d'un permis auprès de l'autorité militaire israélienne. Elle s'effectue pour certains par le franchissement non autorisé par les trous de la « barrière de sécurité », au vu et au su de l'armée et de la police aux frontières israéliennes, qui peuvent utiliser ces traversants à des fins de renseignement. Le quota officiel de Palestiniens autorisés à venir travailler en Israël dans la construction, l'agriculture, l'industrie ou la santé était de 80 000 en 2022 (soit le double, par rapport à dix ans auparavant). Vue sous cet angle, la politique de séparation israélienne n'arrête pas vraiment les mobilités des Palestiniens. D'ailleurs, toute une économie informelle s'est constituée autour de ces traversées avec ces passeurs et ces transporteurs, surtout dans le sud de Hébron et le nord du Néguev, pour acheminer les marchandises, les voitures volées côté israélien et aussi les travailleurs. Le mur israélien fonctionne plutôt comme une soupape de pression sur les populations palestiniennes et comme un filtre, en fonction des intérêts économiques israéliens.

Le type de filtre à appliquer aux frontières a été au cœur des préoccupations pendant la pandémie de Covid-19 en 2020 pour contraindre les mobilités humaines tout en faisant circuler des biens et travailleurs considérés comme

« essentiels ». Face au virus, le réflexe principal fut de fermer les frontières nationales et d'imposer des restrictions totales ou partielles sur les déplacements humains. Ce réflexe a été questionné par la suite, à l'aune des avancées épidémiologiques et vaccinales. Les confinements ont par ailleurs démontré la dépendance économique à des productions lointaines et à de la main-d'œuvre étrangère, notamment dans l'agriculture pour effectuer un travail pénible et souvent mal rémunéré. En Europe, les processus de recrutement de cette main-d'œuvre venue principalement d'Amérique latine, du Maghreb et d'Europe de l'Est impliquent de nombreux intermédiaires entre travailleurs et exploitants agricoles. La multiplication des opérateurs de recrutement suscite des fraudes en matière de droit du travail et de règles européennes de recrutement de travailleurs détachés d'un pays à un autre. L'entreprise d'intérim espagnole Terra Fecundis a ainsi été condamnée en 2022 pour ne pas avoir payé les cotisations sociales françaises pour l'emploi de milliers de travailleurs agricoles en France. En effet, elle payait ses employés au salaire minimum français tout en s'acquittant des cotisations en Espagne (40 % moins élevées). Au printemps 2020, au moment du premier confinement, le secteur agricole s'est trouvé dépourvu de cette main-d'œuvre. Le principal syndicat agricole, la FNSEA, lança une campagne de recrutement de forces vives pour cueillir certains fruits et légumes de printemps : 300 000 personnes répondirent, 15 000 contrats seulement furent finalement signés, révélant en creux la pénibilité de ces activités et la forte dépendance du secteur à l'immigration. De son côté, la Commission européenne, garante du bon fonctionnement du marché unique, mit en œuvre, malgré les fermetures de frontières, des mécanismes de voies réservées intitulés « *green lanes* » pour faciliter la traversée de camions et de travailleurs à des points frontaliers aux contrôles sanitaires et frontaliers allégés. Elle finança dans le même temps des vols depuis l'Europe de l'Est vers l'Allemagne ou les Pays-Bas pour faire venir une main-d'œuvre utile à certains secteurs économiques. Ces exemples montrent que les frontières comme les murs sont, d'un point de vue économique, des filtres des mobilités jugées utiles aux productions. Le capitalisme se joue également des différences de régulation, de norme de travail, de rémunération et de taxation entre territoires pour mener à bien son activité économique.

Les mailles du filtre dépendent aussi de la mobilisations des secteurs économiques concernés. Les chambres de commerce, les entreprises, les syndicats se mobilisent dès que leurs intérêts économiques sont trop entravés, et ce d'autant plus dans des économies globalisées dépendantes des approvisionnements extérieurs. L'influence de ces acteurs est parfois visible, d'autres fois plus discrète. En Allemagne, le BDA, le syndicat des patrons allemands, a soutenu la décision de la chancelière Angela Merkel d'accueillir près d'un million de réfugiés syriens pour assurer les besoins en main-d'œuvre de l'économie en 2015[1]. Ces acteurs économiques sont bien parties prenantes des politiques de mur, au même titre que les professionnels de la sécurité. Ils rappellent constamment que la frontière est une ressource et un outil d'organisation et de régulation de leurs productions.

La frontière humanitaire

Si le filtre des mobilités s'effectue au nom de l'intérêt commercial et économique, il s'exerce aussi au nom de l'assistance humanitaire aux personnes vulnérables. Laisser passer pour sauver des vies : telle est la morale humanitaire qui gouverne aussi les politiques de sécurité frontalière. Le recours à des valeurs et des sentiments de compassion et d'assistance[2] guide ainsi de nombreux acteurs humanitaires, ONG, organisations internationales, collectifs citoyens, mais structure aussi l'action de nombre d'États

1. Margaret E. Peters, *Trading Barriers: Immigration and the Remaking of Globalization*, Princeton University Press, 2017.

2. Didier Fassin, *La Raison humanitaire : une histoire morale du temps présent*, Paris, Gallimard/Seuil, 2010.

aux frontières. *A priori*, l'action humanitaire semble en contradiction avec les objectifs de contrôle. Là encore, contrôle et assistance s'articulent plus qu'ils ne s'opposent, et l'invocation de « l'urgence humanitaire » n'est pas dénuée d'ambiguïté tant elle peut justifier davantage de surveillance et de contrôle. À ce titre, le mur filtre les personnes en demande de protection.

Cette logique humanitaire est particulièrement manifeste dans la gestion des réfugiés et des déplacés internationaux et internes. Elle se décline en des programmes de réinstallation d'un pays à un autre, d'aide aux États dans l'octroi de l'asile et de création de centres « d'accueil » aux frontières. La constitution de camps en est la mesure la plus emblématique[1], qu'ils soient destinés à des réfugiés ou à des déplacés internes, qu'ils prennent la forme de centres de rétention administrative ou soient auto-établis, c'est-à-dire plus éphémères voire discrets. Qu'on pense à Bidibidi en Ouganda pour accueillir les Sud-Soudanais, Dadaab au Kenya, Zaatari en Jordanie accueillant les Syriens, ou encore Mória à Lesbos en Grèce pour les plus connus. Les camps symbolisent des lieux de relégation de populations considérées comme « indésirables » par les États. Pourtant, ils sont également des lieux de vie et de

1. Michel Agier (dir.), *Un monde de camps*, Paris, La Découverte, 2014.

création d'organisations urbaines originales de la part des « encampés » eux-mêmes. Démantelée en octobre 2016, la « jungle de Calais » a constitué une petite ville de 10 000 personnes à son maximum près des lieux d'embarquement vers l'Angleterre. Malgré les tensions avec la mairie, avec des collectifs anti-migrants et la police, des formes de solidarité ont pu s'exprimer avec les exilés, ainsi que des expériences de vie commune et d'hospitalité. Depuis lors, des tentes éparpillées sont réapparues dans Calais et ses environs, constamment détruites par la police, rendant la vie des exilés encore plus précaire. Ces dispositifs humanitaires peuvent donc être marqués aussi bien par le soin (soigner, alimenter, mettre à l'abri) et l'accueil (aide juridique, apprentissage de la langue, formation) que par le contrôle policier. En effet, le camp correspond aussi à un espace d'internement, comme dans le cas du camp de Rivesaltes qui, à la frontière franco-espagnole, interna au fil du temps les « indésirables » des gouvernements français successifs : réfugiés républicains espagnols en 1939, juifs étrangers et tsiganes sous le régime de Vichy, harkis venus d'Algérie décolonisée, puis Vietnamiens et Guinéens par la suite. Il correspond à une politique de mise à l'écart et d'invisibilisation, comme dans les zones d'attente aux frontières françaises qui, depuis la fin des années 1980, enferment, trient et expulsent les étrangers aux aéroports français, à deux pas des terminaux touristiques.

Dans les discours politiques, les dispositifs humanitaires comme le camp sont justifiés comme étant une réponse à une « crise migratoire ». C'est ce qui est invoqué en Europe à chaque nouvelle arrivée migratoire, à chaque nouveau naufrage d'embarcations en mer. Ainsi, le 3 octobre 2013, au large de l'île italienne de Lampedusa, 368 Érythréens et Somaliens décèdent. La réponse de la Commission européenne, quelques semaines plus tard, est de renforcer la surveillance aérienne et maritime de la zone via le système Eurosur, en parallèle de l'augmentation des capacités de sauvetage et de lutte contre la traite d'êtres humains et la criminalité organisée en mer. Cette idée de réponse humanitaire à une « crise » est trompeuse. Elle révèle toute l'ambiguïté de l'action humanitaire vis-à-vis des politiques de mur. Elle permet certes de mobiliser les efforts sur une courte période, mais n'interroge pas les ressorts politiques et institutionnels qui font perdurer, naufrage après naufrage, ces tragédies et les conditions sociopolitiques entraînant la migration. Pire, le discours de « crise migratoire » semble même réactivé pour justifier davantage de contrôle et de surveillance de la zone au détriment des droits et de l'assistance aux personnes. On le voit à l'œuvre dans la rhétorique de l'agence européenne Frontex. Elle légitime ses opérations au nom de la « protection de la vie humaine », avançant des statistiques de sauvetage en mer, et au nom de la « lutte contre le trafic d'êtres humains », tout en assumant gérer des populations considérées comme « à risque[1] ». Rappelons que Frontex est sous le coup de plusieurs enquêtes pour avoir couvert des refoulements d'embarcations en Grèce et pour ne pas prendre en compte les droits fondamentaux des personnes en migration que ses agents contrôlent. Ainsi, derrière le discours de « crise des réfugiés » de 2015, quand des milliers de Syriens étaient sur les routes balkaniques, ne devrait-on pas plutôt voir une manifestation de l'impuissance diplomatique européenne sur le dossier syrien ? Ou une difficulté structurelle pour les États membres de se mettre d'accord sur les politiques d'accueil et d'asile et sur les valeurs d'hospitalité et de protection qu'ils sont censés porter ? Invoquer le discours d'une « crise humanitaire » aux frontières ne constituerait-il pas un moyen de masquer le renforcement durable des frontières parce que les États européens ne veulent tout simplement pas accueillir ces populations ? L'instrumentalisation de la rhétorique humanitaire par les contrôleurs de frontière contribue à masquer la violence produite par le contrôle lui-même.

1. Polly Pallister-Wilkins, *Humanitarian Borders: Unequal Mobility and Saving Lives*, Verso Books, 2022.

La critique du discours politique de la « crise humanitaire » questionne le rôle du secteur humanitaire dans les politiques de sécurité frontalière. En d'autres termes, quel est le degré d'autonomie et de critique du travail humanitaire par rapport aux pratiques, policières ou militaires, au sein desquelles il se trouve impliqué ? En effet, les ONG humanitaires sont de manière indirecte des acteurs du contrôle frontalier. Elles sont parties prenantes des services fournis dans les *hotspots*, ces camps d'internement en Grèce et en Italie qui, depuis 2015, visent à trier les demandeurs d'asile des autres migrants pour les relocaliser ailleurs en Europe. Ces camps sont administrés par les agences européennes (EASO, Frontex) et les autorités des États membres italiens et grecs. Des ONG comme Save the Children y tiennent des espaces pour les jeunes mères et leurs enfants, Mercy Corps ouvrent des salles de cours, Médecins Sans Frontières et Médecins du Monde fournissent le matériel médical. Le bilan de cette approche *hotspot* est pourtant catastrophique en termes humanitaires. Des milliers de personnes ont été confinées dans des conditions désastreuses, sans pouvoir faire valoir leurs droits. L'incendie du *hotspot* de Mória en Grèce en septembre 2020 a notamment permis de rendre criante la détresse des personnes sur place.

Cela conduit à interroger la dimension politique du travail humanitaire, diversement définie selon chaque ONG et collectif. L'action humanitaire fait ces dernières années l'objet d'autocritique car elle est jugée trop complaisante envers les États, et participant au filtre des individus aux frontières. La « crise des réfugiés » de 2015 a permis de renouveler l'assistance humanitaire avec les migrants, grâce à une diversification des collectifs et organisations citoyens partout en Europe. Ces néophytes de l'assistance aux exilés contribuent à redéfinir les contours de l'action humanitaire tant aux frontières que dans des lieux de passage migratoire. Ils contribuent également à politiser davantage l'entraide au nom de l'accueil des réfugiés et de contestation des politiques de sécurité, dimension qui se trouve attisée par la criminalisation et l'entrave à l'aide humanitaire dans de nombreux pays. Ce processus de criminalisation est à l'œuvre aux frontières extérieures de l'UE, comme en Méditerranée centrale. Frontex a notamment attaqué les ONG de sauvetage en mer en 2017 en les accusant de collusion avec les « passeurs », reprenant des attaques provenant de la droite et de l'extrême-droite italienne. Les sauveteurs sont accusés de nouer des relations avec les trafiquants libyens pour être prévenus de l'arrivée de bateaux, ce que les ONG réfutent. Plus largement, ce sont l'ensemble des ONG de sauvetage en mer qui ont été ciblées depuis 2014 : l'ONG allemande Jugend Rettet, dont le bateau *Iuventa* a été immobilisé en 2017, ou encore SOS

Méditerranée, dont le *MS Aquarius* a subi un refus d'accoster dans les ports italiens en 2018. Autre tentative, en janvier 2023, le gouvernement italien a introduit un code de conduite pour les bateaux affrétés par les ONG. Les bateaux doivent demander immédiatement après le sauvetage un port où accoster qui peut parfois ne pas être le plus proche, augmentant les coûts de transport et diminuant les chances de repartir sauver d'autres embarcations. Cette pratique contraire au droit international maritime vise à entraver l'action des sauveteurs.

La logique humanitaire, on l'a vu, fait l'objet de tensions fortes avec les politiques de contrôle étatique, au sens où il est question de la portée de l'entraide, de la participation des ONG dans les dispositifs de sécurité frontalière et dans le filtrage des mobilités transfrontalières. Le mérite de la politisation actuelle de l'action humanitaire est de démontrer le refus des États d'accueillir les exilés, qui se concentrent davantage sur la surveillance et le contrôle, et donc le tri des migrants à sauver et ceux à laisser périr.

Privilèges et inégalités de mobilité

Le mur filtre plus qu'il n'arrête. En procédant ainsi, il consacre un système global d'inégalités dans la mobilité humaine. La politique du mur rend la mobilité de certains possible et accélérée tout en contraignant celle d'autres. Le mur discrimine et crée un droit à la mobilité différenciée, reposant notamment sur des critères racialisés (au sens d'« expériences sociales d'êtres assignés racialement et soumis à des formes multiples de discriminations[1] »). La frontière apparaît aujourd'hui comme une institution où s'exprime cette inégalité.

La politique du mur est avant tout productrice de catégories entre les différentes raisons de traverser les frontières. Le contrôle migratoire assigne les individus à des catégories administratives rigides, éloignées des trajectoires de mobilité, tout en justifiant certaines exclusions et créant des privilèges de mobilité. D'une part, on parle de « migrants » pour désigner ceux que la politique du mur entend contrôler. Cette appellation permet de souligner leur degré d'installation plutôt longue (en termes de durée et d'activité), ce qui les différencie des touristes ou des voyageurs d'affaires par exemple. Or, de nos jours, les migrations sont motivées par des facteurs multiples : économie, environnement, protection ou réunifications familiales ainsi que des déplacements à la suite d'un conflit armé. Il n'existe pas de définition rigoureuse du terme « migrant », bien que cette dénomination commune fasse l'objet de droits reconnus dans différents textes internationaux dont la

1. Sarah Mazouz, *Race*, Paris, Anamosa, 2020, p. 41.

Déclaration universelle des droits de l'homme de 1948. Dans son article 13, celle-ci estime que « toute personne a le droit de quitter tout pays, y compris le sien ». Néanmoins, ce principe se heurte au droit souverain qu'ont les États à déterminer qui peut entrer ou sortir de leur territoire. En effet, les États isolent les facteurs de migration pour mieux les filtrer et les gérer selon différentes catégories : déplacés intérieurs, demandeurs d'asile, apatrides, migrants dits « économiques », regroupement familial, etc. L'exemple le plus poussé de migration pour du travail sans possibilité d'installation est le système de *kafala* appliqué dans certains pays du Golfe, au Liban et en Jordanie. La venue de migrants et leur installation sur plusieurs années dépend d'un parrainage de la part de sujets ou d'entreprises du pays. Les travailleurs sont alors liés à leurs patrons et ont beaucoup de difficultés à changer de statut et à se défendre face à des abus en termes de droit du travail.

D'autre part, il existe le statut de « réfugiés ». Ce régime de protection détermine des critères politiques à réunir pour être accueilli conformément à la convention de 1951. On dénombrait en 2022 selon le HCR, le Haut Commissariat des Nations unies pour les réfugiés, 35,3 millions de réfugiés dans le monde (la moitié venant de Syrie, d'Ukraine ou d'Afghanistan) sur 108,4 millions de personnes déplacées. Cette dernière catégorie est instrumentalisée politiquement, que ce soit en références aux « réfugiés » du bloc soviétique pendant la guerre froide (les Cubains aux États-Unis notamment), aux « *boat people* » vietnamiens des années 1970-1980 ou encore aux Ukrainiens, qui bénéficient actuellement de cette protection politique. Pourtant, au cours d'un trajet migratoire, les raisons de migrer sont difficilement dissociables et leurs limites sont poreuses. Le regroupement familial et la migration de travail ne sont parfois pas détachables. Les femmes rejoignant leur famille ou leur conjoint, contribuent économiquement et socialement à leur communauté exilée et à la société d'accueil[1].

La politique du mur et du contrôle produit également de l'illégalité, qui n'est pas une catégorie de mobilité en soi, mais issue d'une pratique étatique. La clandestinité est en effet vécue à la suite d'une arrivée légale avec un visa, comme les Mexicains aux États-Unis, puis maintenue faute d'alternatives. Elle dépend en effet de facteurs administratifs et des besoins de main-d'œuvre de certains secteurs. D'ailleurs, les États peuvent sortir des personnes de l'illégalité par des procédures de régularisations massives comme l'ont fait l'Espagne en août 2022 et la Grèce en septembre 2023. À l'inverse de ces catégories de populations suspectées de vouloir s'installer, certaines populations bénéficient de mobilités facilitées en étant exemptées de visa grâce à un passeport le permettant. C'est le cas

1. Camille Schmoll, *Les Damnées de la mer : femmes et frontières en Méditerranée*, Paris, La Découverte, 2020.

de ceux qu'on nomme les « expatriés » du Nord vers le Sud, vers le Mexique ou vers le Maroc par exemple, qui s'installent pour travailler ou pour leur retraite. La détention de certains passeports peut grandement faciliter la mobilité internationale. Ainsi les passeports suédois et allemand permettent de voyager dans 129 pays sans visa, contrairement aux passeports afghan et pakistanais qui ne permettent d'entrer sans visa que dans respectivement 8 et 5 pays. Certains pays vont jusqu'à monnayer l'octroi d'un passeport permettant une mobilité facilitée à l'échelle du globe. Depuis 2017, l'État insulaire du Vanuatu dans le Pacifique vend des passeports qui peuvent ensuite être utilisés sans visa pour voyager en Europe par des personnes en indiscrétion avec la justice.

La politique du mur fait aussi apparaître la frontière comme un lieu de discriminations. Elle assigne à résidence les populations les plus démunies et garantit la liberté de circulation à ceux et celles qui peuvent faire fructifier leurs forces de travail sans être lié à un ancrage territorial. La frontière est de ce point de vue un lieu d'inégalités dans les possibilités d'émigration. Depuis le XIXe siècle, l'État s'arroge les « moyens légitimes de circulation[1] » des individus par la diffusion de documents de voyage et

1. John Torpey, « Aller et venir : le monopole étatique des "moyens légitimes de circulation" », *Cultures & Conflits*, n° 31-32, 1998, pp. 63-100.

d'identification. Cette distinction s'inscrit dans un projet politique plus large : celui de la construction d'une communauté politique nationale, d'un dedans et d'un dehors symbolique par l'entretien constant de frontières. Ce processus de tri et de catégorisation est aussi lié au développement du capitalisme industrialisé : les États adhèrent à des modalités de libre-échange tout en souhaitant contrôler et confiner les travailleurs et préserver des îlots réglementaires. Les travailleurs sont maintenus dans des régimes juridiques et fiscaux desquels ils peuvent avoir du mal à s'extraire. C'est le cas du système des *maquiladoras* mexicaines, des usines d'assemblage construites depuis les années 1960 côté mexicain grâce à des investissements états-uniens, dont l'objectif est de retenir les travailleurs mexicains tout en les embauchant à bas coûts pour des productions destinées aux marchés états-uniens et canadiens. De sorte que se produit nécessairement une exclusion aux frontières au nom de l'utilitarisme économique, du tri migratoire, de la catégorisation étatique des mobilités et de la distinction entre nationaux et étrangers. Une démocratie se doit toutefois en théorie de justifier l'exclusion mise en place[1]. Or, l'exclusion même légitimée par une

1. Martin Deleixhe, *Aux bords de la démocratie : contrôle des frontières et politique de l'hospitalité*, Paris, Classiques Garnier, coll. PolitiqueS, 2016.

décision souveraine ou par une majorité électorale ne peut ignorer l'universalité des droits fondamentaux des personnes migrantes. La fonction de contrôle ne peut échapper à la critique d'une violation du principe d'égalité morale des individus. La frontière contient par conséquent une part d'arbitraire, inévitable, au nom de l'entretien d'une communauté politique. Entre expression des droits individuels et expression de la souveraineté étatique, cette dernière l'emporte souvent, puisqu'elle opère une distinction entre « bon » et « mauvais » migrant, entre nationaux et étrangers.

On peut donc se demander si ce filtre ne s'effectue pas selon des critères racialisés. Nous verrons dans le chapitre suivant que certains acteurs pro-mur justifient la militarisation des frontières au nom de conceptions racistes du monde. De manière plus structurelle, la politique du mur s'inscrit dans l'histoire coloniale et les représentations racialisées des populations migrantes, qui continuent de structurer les politiques de contrôle et de filtre actuelles. Ces représentations peuvent légitimer le contrôle tout en banalisant l'expulsion voire la mort des migrants. Un cas est assez éloquent : il s'agit des murs des enclaves espagnoles au Maroc de Ceuta et Melilla. Là-bas, depuis trente ans, ceux que l'on nomme les « Subsahariens » sont constitués en une cible légitime de la violence des autorités marocaines ou espagnoles. Cette figure du danger migratoire africain vers l'Europe est reproduite constamment et se donne à voir lors des « assauts » de personnes africaines contre les grillages frontaliers. Le 24 juin 2022, 1 000 personnes ont tenté de franchir ces barrières à Melilla. Selon l'association AMDH Nador, des tirs de balles à propulsion, à caoutchouc, de fumigènes et des coups physiques ont été portés par la Guardia Civil espagnole. Cette dernière s'est dédouané de sa responsabilité dans ce massacre, invoquant une « bousculade ». Le bilan s'élève à 37 morts (dont des membres des forces de police marocaines) et plus de 300 blessés. Pire, des images de corps entassés de blessés et de mourants ont circulé. Cet épisode n'est pas unique dans l'histoire de ces murs, il se répète depuis octobre 2005 (avec 13 morts par balles et des centaines de blessés), à Tarajal (Ceuta) en février 2014 avec une quinzaine de morts et des dizaines de disparus et de blessés. Cette violence s'inscrit dans une histoire longue de « défense » par les autorités espagnoles de cette frontière, se soldant par un permis de tuer. Selon un colonel espagnol : « L'objectif de la Guardia Civil est de sauver l'intégrité de la frontière espagnole et celle de l'Europe [...]. C'est l'Europe qui doit aller à l'Afrique, et pas l'Afrique à l'Europe. Il faut leur apprendre à s'organiser. Il faut leur enseigner la démocratie, l'éducation, et presque par la force s'il le faut. Les barrières symbolisent l'échec de nombreux pays d'Afrique, elles sont nécessaires aujourd'hui[1]. » Le rapport colonial au territoire africain est clair et l'importance de maintenir l'« hispanité » de ces territoires également. Melilla et Ceuta sont des places fortes espagnoles conquises en 1497 dans la foulée de la Reconquista où la population musulmane, rifaine, fut interdite de séjour pendant de nombreux siècles. Dans les années 1990, la frontière est devenue celle de l'Union européenne et un point d'entrée possible pour des migrants africains. La figure du danger « noir » a alors réactivé la défense violente de ces territoires par des refoulements à chaud aux barrières et par l'enfermement à durée indéterminée dans les enclaves sans possibilité pour les migrants africains d'accéder à un bureau d'asile. L'acte du « saut » pour tenter de franchir les barrières est alors conçu comme une défiance à cet ordre du mur. Le Maroc dans les années 2000 a même contribué à défendre cette frontière en harcelant les migrants dans les camps établis dans les forêts alentour et en monnayant diplomatiquement sa capacité à jouer les gendarmes de l'Europe[2] en fonction des différends diplomatiques, notamment sur le Sahara occidental. Cet exemple nous rappelle que l'entretien des politiques de mur repose aussi sur des cadres

1. Elsa Tyszler, « Massacre raciste à la frontière de Melilla », *Contretemps, revue de critique communiste*, 18 juillet 2022, en ligne.

2. Nora El-Qadim, *Le Gouvernement asymétrique des migrations : Maroc/Union européenne*, Paris, Dalloz, 2015.

d'interaction coloniaux et guerriers, légitimant des discriminations et des morts. Le filtre, et même l'expulsion et la mort, s'y effectuent conformément à des visions racialisées des migrations…

Le mur est donc un filtre des mobilités « désirables » sur le plan économique, au nom d'une morale humanitaire et conformément à des conceptions racistes. Ce filtrage est d'ailleurs dénoncé au nom de l'utilitarisme migratoire ou encore la lutte contre le racisme par tout un ensemble de contestataires, comme nous l'aborderons dans le chapitre cinq. Néanmoins, la capacité du mur à trier et à entraver les mobilités humaines fait l'objet d'un spectacle politique au profit d'intérêts électoraux de court terme. Ce spectacle repose sur des discours et des mises en scène médiatisées et occupe une place importante dans l'agenda de nombre d'élus et de dirigeants. Il permet de connecter dans la tête de tout un chacun ce tri migratoire avec les émotions et les peurs des « emmurés » vis-à-vis de la migration et du devenir de leur société et de leur État.

Chapitre 4

Le spectacle du mur

> « Et au moment où l'effroi commençait à s'insinuer, un rideau protecteur, une verrière épaisse et légère à la fois venait interposer son rassurant reflet entre les invisibles démons de l'ombre et la paix de dedans. »
>
> Jean-Christophe Rufin, *Globalia*, Paris, Gallimard, 2004, p. 67.

« Nous allons construire un grand mur à la frontière sud et le Mexique le paiera » : c'est sur cette promesse que le candidat Donald Trump entame sa campagne électorale en 2016. « Si les flux migratoires ne s'arrêtent pas, nous n'excluons pas la construction de barrières physiques à la frontière en dernier recours », insiste en 2019 le ministre de l'Intérieur italien, Matteo Salvini, lors d'une visite à la frontière slovène. En février 2022, le candidat à la présidentielle française Éric Zemmour veut lui aussi « un mur à toutes les frontières extérieures de l'Union européenne », prenant en exemple le « mur pour protéger la civilisation européenne » construit par Viktor Orbán à la frontière serbe de la Hongrie.

Le point commun de ces trois annonces de mur ? Être au cœur d'un spectacle politique dont le scénario est assez simple : l'État est assiégé par des « envahisseurs », mais pas de panique, un mur nous protégera et réglera le problème. Tel est le scenario bien huilé qui résonne d'un mur à un autre. Comment le comprendre ? Comme tout spectacle, il y a ce qui est montré sur scène et ce qui se joue davantage en coulisses. Pour filer la métaphore théâtrale, les élus et les décideurs, les acteurs de la société civile et du secteur de la défense favorables à une escalade dans le contrôle frontalier se mettent en scène avec pour décor le territoire muré. À travers des images et des discours, ils répètent que la frontière est une ligne d'exclusion et de contrôle. Ils fabriquent des récits où le mur restaure l'ordre étatique au cœur d'une « guerre » frontalière. La fabrication et la diffusion de ce récit occupent une place importante pour certains élus ou entrepreneurs de cause pro-mur puisque ce dernier leur permet de construire leur carrière politique ou militante. En coulisses, se présenter comme protecteur de l'État face à des « envahisseurs » permet à ces différents acteurs de se positionner sur des problèmes quotidiens, sociaux et politiques animant leurs propres sociétés. Ils manipulent dans leurs discours des thématiques comme le rapport à la migration et à la défense du territoire, la mémoire d'une guerre passée, le nationalisme, le maintien de l'ordre, les rapports ethniques et la démographie, et finalement l'action de l'État. Ils les attribuent au mur qu'ils veulent voir ériger, comme si celui-ci allait apporter la solution à tout. Ils parlent de préoccupations identitaires, de rapports de forces politiques intérieurs ou de chantage diplomatique avec des pays voisins. En ce sens, le mur se révèle être un caméléon symbolique qui fonctionne auprès des citoyens comme un symbole rassurant. Le mur comme spectacle politique prolifère grâce à la manipulation des peurs, des fantasmes de submersion démographique, du racisme et de l'ignorance sur la migration tout en faisant son miel de toutes les violences migratoires ou frontalières. *In fine*, une culture de guerre se diffuse, comme si une « bataille frontalière » était constamment en train de se jouer.

Mises en scène et en récit

Toute une palette d'actions permet de dramatiser l'enjeu de murer les frontières et l'intrusion migratoire. En effet, la matérialité des murs parle aux imaginaires. Les élus et militants pro-mur le savent et mettent en scène cette matérialité lors d'événements où la médiatisation est expressément recherchée. Les acteurs pro-mur ont même recours, ici et là, à la même performance : ériger de fausses barrières. En Arizona, le procédé est monnaie courante. La construction de faux murs avait déjà été testée en avril 2006 au sein du mouvement de patrouilleurs volontaires des Minutemen, qui estimait pouvoir lever 55 millions de dollars pour ériger des « barrières frontalières ». Son fondateur était convaincu que le gouvernement fédéral le suivrait. Finalement, seul 1,8 million de dollars ont été levés, et uniquement quelques kilomètres de barbelés ont été installés dans la propriété d'un éleveur sympathisant. En 2011, l'initiative Build the Border Fence (« Construire la barrière frontalière ») coordonnée par les républicains de l'Arizona a organisé une opération de communication pour lever des fonds privés et également financer un mur. Dans un ranch face à la frontière mexicaine, les élus et militants ont accroché de multiples drapeaux étoilés des États-Unis sur des structures en bois, doublant la ligne frontière, formant l'inscription « *Secure the Border. Save the United States* » (« Sécuriser la frontière. Sauver les États-Unis »). En mai 2019, une initiative similaire de levée de fonds a permis d'ériger 800 mètres de barrières près d'El Paso, en soutien au « mur de Trump ». Donald Trump lui-même n'a pas hésité à poser avec les huit prototypes de murs en mars 2018 à la frontière près de San Diego. Poser au pied de faux murs relève de la routine politique aux États-Unis.

On retrouve un procédé similaire en France, dans un autre contexte migratoire, avec des cas d'édification de murs contre des centres d'accueil de migrants, ou encore en avril 2018, au col de l'Échelle dans les Hautes-Alpes. Une centaine de militants d'extrême-droite de Génération identitaire y ont déployé des banderoles pour bloquer un point de passage de l'Italie vers la France[1]. En procédant ainsi, ces militants signalaient aux pouvoirs publics que des « moyens relativement sommaires », selon eux, permettraient d'empêcher les migrants d'accéder au territoire français. Le procédé, dans son esthétique, s'inspire d'ailleurs d'une campagne anti-migrants du gouvernement australien, l'opération Frontières souveraines de 2013. Ces actions directes visent surtout la médiatisation plus que l'influence politique. Ce discours permet de politiser des faits divers concernant les migrations et les mobilités et de les considérer avant tout comme un « problème ».

1. Damien Simonneau et Pietro Castelli Gattinara, « Prendre part aux logiques d'exclusion : les mobilisations anti-migrants en France, en Italie et aux États-Unis », *Critique internationale*, vol. 84, n° 3, 2019, pp. 105-124.

Ces mises en scène s'inscrivent dans la fabrication d'un récit de « crise » aux frontières. Les récits pro-mur jouent sur la description d'une situation de désordre que seul un mur peut ordonner, avec en trame de fond une figure ennemie plus ou moins précise. Surtout, ces récits critiquent généralement l'État, l'accusant de ne pas en faire assez afin de sécuriser les frontières. Ils font de la construction de murs un enjeu de restauration de l'ordre public aux frontières, parfois en recourant à des métaphores aqueuses. La « barrière » servirait de « barrage » face à l'« inondation » migratoire en cours. Intéressons-nous à ces récits et à ceux qui les portent aux États-Unis, en Israël[1] et en Hongrie.

Aux États-Unis, le récit du « mur de Trump » de 2016 n'est qu'une surenchère de récits similaires plus anciens, véhiculés dès le début des années 1990 par les républicains de Californie, qui déjà exigeaient du gouvernement fédéral plus de militarisation de la frontière. C'est aussi en Arizona dans les années 2000 et 2010 que ce récit est promu par des mouvements sociaux et des élus pro-mur, à la suite du déplacement des migrations mexicaines des zones urbaines californiennes progressivement militarisées vers les

1. Les éléments et entretiens utilisés dans ce chapitre sont tirés de notre enquête auprès d'acteurs pro-mur d'Israël et d'Arizona : Damien Simonneau, *L'Obsession du mur : politique de militarisation des frontières en Israël et aux États-Unis*, Peter Lang, 2020.

zones rurales désertiques de l'Arizona. En mai 2011, l'initiative Build the Border Fence formule ce récit. L'ensemble des participants à cette initiative y souscrivent, qu'ils soient parlementaires, shérifs, directeurs d'administrations de l'Arizona, éleveurs, miliciens patrouillant le désert ou des associations de la mouvance libertarienne Tea Party. L'appel aux dons présente le mur comme vital, pas seulement pour protéger les populations du sud de l'Arizona mais pour « la sécurité de notre grande nation ». L'exhortation de la fibre patriotique des donateurs survient après un détail des menaces que le mur est censé contrer : « la menace la plus grave pour les États-Unis contemporains est l'absence de sécurité [*enforcement*] le long de la frontière mexicaine, ce qui a conduit à une invasion des cartels de drogue, de gangs violents, d'une estimation de 20 millions d'illégaux [*illegal aliens*] et même de terroristes ». Le nombre d'arrestations par la Border Patrol dans le secteur de Tucson en 2010 est surévalué et ne correspond pas aux statistiques officielles. L'échec du gouvernement fédéral à sécuriser la frontière est maintes fois souligné pour mieux mettre l'accent sur l'initiative de l'Arizona, présentée comme populaire : « Protéger "Nous, le peuple des États-Unis" est un devoir constitutionnel du gouvernement fédéral, or que se passe-t-il quand le gouvernement ne fait pas son travail ? » Dans la rubrique « Vous sentez-vous en sécurité ? » est énuméré l'échec du Secure Fence Act d'octobre 2006 défendu par G. W. Bush à réaliser un « contrôle opérationnel » de la frontière. Deux menaces sont détaillées à grand renfort d'images : « l'épidémie de drogue, de gangs et de trafics d'êtres humains » et « la menace terroriste ». En Arizona, cet enjeu du trafic de drogue s'appuie sur la situation des résidents des zones rurales frontalières, particulièrement mobilisées contre le passage de trafiquants dans leurs fermes. Les syndicats d'éleveurs sont aussi investis sur la question de la sécurité frontalière. Tout concorde dans ce récit pour décrire une frontière hors de contrôle, où menace une invasion d'ennemis protéiformes. Cet amalgame est largement reproduit par d'autres initiatives pro-mur : au Texas en 2019, par exemple, avec l'initiative We Build the Wall (« Nous construisons le mur »). Ce récit est ensuite repris par le parti républicain, avant d'être amplifié au plus haut niveau par Donald Trump. Ce dernier voulait un mur « plus grand et fortifié » que ce qui existait déjà. Dans son allocution de janvier 2019[1], on retrouve tous les poncifs pro-mur habituels : agir sur le danger « immédiat » que représenterait « l'afflux de migrants » tout en accusant les démocrates de ne pas lui accorder le

1. Jérôme Cartillier et l'AFP, « Trump défend sa promesse de construire un mur à la frontière mexicaine », *Le Devoir*, 8 janvier 2019.

budget nécessaire. Trump dramatise l'enjeu en dénonçant les « horreurs » de l'immigration clandestine : criminalité, assassinats et trafic de drogue. Au-delà de la figure de Trump, l'enjeu de protection de la frontière constitue un leitmotiv pour le parti républicain car il est jugé prioritaire sur tout effort de réforme des lois migratoires.

Dans un tout autre contexte, en Israël, des groupes issus de la société civile demandent la construction d'un mur en Cisjordanie à partir de 2001, avant que cela devienne un récit gouvernemental légitimant la construction de la « barrière de sécurité » face à l'intensification des attentats palestiniens. « *Gader hafrada haderekh hayekhida* » (« la barrière de séparation est la seule issue possible ») était un des slogans en 2002 de Gader Le Khaïm (« une barrière pour la vie »), une des premières associations à s'être emparée de cet enjeu. Le problème présenté est en fait double : d'une part, les attaques terroristes et d'autre part, la porosité de la Ligne verte (ligne de démarcation entre Israël et les Territoires palestiniens occupés). La solution quant à elle est unique : la « barrière ». Les bénéfices à tirer de son érection sont au nombre de quatre : « la neutralisation des capacités des groupes terroristes et de l'Autorité palestinienne à frapper les habitants d'Israël, [...] l'amélioration de l'image d'Israël ternie par le recours à la force contre les Palestiniens, [...] le soulagement et la réorganisation des forces de l'armée [et] l'arrêt de la réalisation du "droit au retour" à l'intérieur de la Ligne verte des Arabes des Territoires occupés ». Le mot « barrière » est associé systématiquement dans ce récit au qualificatif de « sécurité ». Elle n'est en aucun cas conçue comme un projet « politique », ni une quelconque frontière avec une entité palestinienne, mais bien un outil de sécurité pour protéger les Israéliens du terrorisme. Dans le contexte des affrontements de la seconde Intifada, la multiplication des attentats dans les centres urbains a constitué une menace susceptible de toucher l'ensemble de la population. Les attentats sont donc associés à une nouvelle épreuve de survie et de défense collective pour les Israéliens. Les acteurs pro-mur font état d'un sentiment de panique et de vulnérabilité justifiant l'urgence du recours à une « barrière ». Ils omettent toutefois le contexte d'occupation militaire des Territoires palestiniens pour se concentrer sur cet impératif de défense. En Israël, la sécurité prévaut avant toute prise en compte politique de l'occupation.

En Hongrie enfin, le récit pro-mur porté par le gouvernement Orbán a accompagné la construction de barrières aux frontières serbe et croate à l'été 2015 lors de l'arrivée de 400 000 personnes transitant vers l'Allemagne. Ce récit pro-mur doit être réinscrit dans différentes campagnes gouvernementales qui dressent un amalgame entre sécurité des frontières, migration et terrorisme. Ce fut notamment le cas lors du référendum du 2 octobre 2016, où le gouvernement communiqua sur le thème : « Savez-vous que les attaques de Paris ont été menées par des migrants[1] ? » Dans la même tonalité, le maire de la ville frontalière Ásotthalom se met en scène devant le mur avec l'ambition de décourager les migrants de venir. La mise en scène diffusée sur Internet se veut viriliste. Elle associe l'édile aux forces de sécurité et aux différents outils de contrôle. Là encore, la mise en scène de la nécessité d'ériger un mur se formule dans un registre sécuritaire face à des situations frontalières perçues comme chaotiques.

En Hongrie comme ailleurs, le récit pro-mur repose fortement sur la médiatisation. Certains acteurs pro-mur acquièrent même dans les médias nationaux le statut d'icônes médiatiques, étant constamment invités à parler des situations aux frontières. En effet, les médias suivent les mises en scène pro-mur et les insèrent dans des séquences d'émissions favorables à la militarisation. Cela passe même, aux États-Unis et en Israël, par une connivence entre, d'une part, lignes éditoriales conservatrices de Fox News ou anti-Sharon du journal *Yedioth Aharonoth* et d'autre part, discours des acteurs pro-barrière,

1. Céline Cantat, « La Hongrie, chien de garde de l'Europe », *Plein droit*, vol. 111, n° 4, 2016, pp. 19-22.

ce qui permet d'amplifier la critique du gouvernement. En Israël, le ton médiatique est celui du soutien à une initiative « populaire » face aux hésitations et à l'absence de stratégie contre le terrorisme d'Ariel Sharon. Aux États-Unis, le ton est celui de la description d'une zone-frontière hors de contrôle, champ d'une « bataille frontalière », que le gouvernement fédéral ne souhaiterait délibérément pas sécuriser.

D'autres formes d'action permettent de diffuser le récit pro-mur. Il s'agit de mesures législatives et juridiques. Ainsi, les ranchers frontaliers de l'Arizona Cattlemen's Association formulent des plans de sécurisation qu'ils tentent de diffuser auprès des parlementaires. En adoptant des lois répressives en matière d'immigration, les républicains consacrent l'Arizona comme l'État-barrière de l'Union tout au long des années 2000 et 2010, soit leur laboratoire en matière d'immigration et de sécurité frontalière. Ils mobilisent des conseillers juridiques et des avocats pour défendre des lois de contrôle discriminantes lorsque celles-ci sont attaquées dans les tribunaux, par l'administration Obama ou par des associations de défense des migrants. En Israël, les acteurs pro-mur sollicitent des rendez-vous auprès des ministres, des membres de la Knesset et du ministère de la Défense pour obtenir des garanties sur la poursuite du chantier. La création d'un lobby à la Knesset permet également d'organiser des séquences de pression lors de questions au gouvernement pour obtenir des engagements sur le calendrier et lors des discussions en comités d'allocation du budget face aux opposants de droite et d'extrême-droite. Les avocats de l'association Gader Le Khaïm mobilisent eux aussi leurs ressources juridiques pour attaquer le ministère de la Défense en 2002-2003 à la Cour suprême afin de le contraindre à décider le lancement de la barrière. Puis, à partir de 2004, ils se font les défendeurs de cette politique aux côtés des avocats du bureau du Premier ministre et du ministère de la Défense, lorsque son tracé et sa vocation sécuritaire sont progressivement contestés par les Palestiniens et leurs soutiens tant devant la Cour suprême israélienne que devant la Cour internationale de justice. Ces différentes séquences parlementaires et juridiques sont autant d'occasions d'être sous les feux des projecteurs et de marteler le récit pro-mur.

Pour finir, le spectacle du mur repose aussi sur une sorte d'entreprenariat. En d'autres termes, ces récits sont portés par des actions protestataires, médiatiques, politiques de la part de militants ou d'élus qui en font une revendication centrale de leur agenda politique ou militant. Ces entrepreneurs pro-mur ne résident pas nécessairement dans les confins frontaliers. Pourtant, ils se consacrent à cette cause à temps plein. C'est le cas des activistes de l'association israélienne Gader Le Khaïm basée à Tel Aviv ou encore des milices aux États-Unis patrouillant dans la zone frontalière. Prenons l'exemple de Tim Foley, le fondateur de l'Arizona Border Recon, un groupe paramilitaire de surveillance du désert, classé comme « groupe haineux » par le Southern Poverty Law Center. Il fait remonter son engagement contre les migrants à la crise économique de 2008 quand il fut licencié parce que les emplois étaient, selon lui, pris par les Mexicains. En 2010, il fonde son organisation et mène des opérations de patrouille sous forme de petits commandos à l'ouest de Tucson pour, dit-il, se confronter aux cartels de la drogue mexicains positionnés dans le désert. Il quitte sa résidence près de Phoenix et part vivre dans le désert. C'est un exemple parmi d'autres de trajectoires de vie dédiée au mur. Des entrepreneurs font aussi de cette cause un tremplin pour des carrières politiques. C'est le cas du général Uzi Dayan, qui dirigea la coalition pour la barrière en Israël. Il usa de son expertise militaire pour critiquer la stratégie d'Ariel Sharon dans la lutte contre le terrorisme. Il put ensuite se présenter aux élections législatives de 2006. Aux États-Unis, les shérifs sont à la fois des élus et des professionnels de la sécurité. Paul Babeu, du comté de Pinal dans l'Arizona, a lui aussi beaucoup misé sur le mur, conseillant successivement John McCain et Mitt Romney, tous deux candidats républicains à la Maison-Blanche, sur la sécurité frontalière. Il espéra ainsi se présenter aux élections comme représentant au Congrès.

En résumé, le spectacle du mur se compose de mises en scène, de récits médiatisés, d'actions en justice et dans les parlements. Si certains acteurs favorables à davantage de militarisation jouent effectivement le jeu de la frontière comme ligne d'exclusion et de contrôle, d'autres, opposés à la surenchère sécuritaire, subvertissent ces récits et ces mises en scène. C'est ce dont témoigne le développement de l'art frontalier (ou *border art*) « sur la frontière, aux frontières, à propos de la frontière[1] ». Dérivé des graffitis sur le mur de Berlin, il s'est développé depuis les années 2000 le long des murs contemporains, qu'on pense aux pochoirs de Banksy ou les visages « Face2Face » de JR sur le mur en béton israélien, ou encore la performance des gilets de sauvetage dans le jardin du Luxembourg à Paris par Ai Weiwei. Ces œuvres ont en commun de rendre visible la souffrance de ceux dont la mobilité est entravée, de souligner les sentiments d'enfermement et les désirs d'échapper au contrôle. Ces mises en scène artistiques transgressent l'ordre étatique du mur pour mieux souligner le métissage interculturel des frontières, l'interdépendance des communautés séparées ou les vécus des personnes en migration. Elles participent à la formulation de récits alternatifs à la séparation et au contrôle.

1. Anne-Laure Amilhat Szary, « Walls and Border Art: the Politics of Art Display », *Journal of Borderlands Studies*, vol. 27, n° 2, 2012, pp. 213-228.

Angoisses identitaires

En coulisses, les acteurs pro-mur ne parlent pas que de populations considérées comme dangereuses, à contrôler à tout prix, en colmatant des frontières « passoires » au nom de la restauration de l'ordre public. Le spectacle du mur traite aussi d'enjeux propres aux sociétés qui s'emmurent, comme défendre une identité nationale jugée menacée et instaurer un rapport de forces politiques.

Pour les acteurs pro-mur, le malaise ne tient pas seulement à un ressenti « dangereux » ou « violent » des mobilités, mais aussi à son interprétation, plus ou moins ouvertement, en termes d'« invasion ». En Arizona, Tim Foley justifie son engagement dans une lutte contre une « invasion » de Mexicains qui tenteraient de reconquérir le sud-ouest des États-Unis :

> Ils ne veulent pas devenir citoyens. Ils pensent que ça leur appartient. Ils suivent un plan qui s'appelle l'Aztlan, le plan de San Diego. Ils pensent que le Texas, le Colorado, le Nouveau-Mexique, l'Arizona, une partie de l'Utah leur appartiennent. Donc ils traversent la frontière pour le reprendre[1].

Cette crainte d'une « invasion » est partagée par un élu républicain, Steve Smith. Sur son site

1. Damien Simonneau, « Entre suprématie blanche et cybersécurité : mutations contemporaines des pratiques de vigilantisme en Arizona », *Politix*, vol. 115, n° 3, 2016, pp. 79-102.

de campagne de 2012, Steve Smith se décrit comme un « farouche combattant » pour stopper l'« immigration illégale » et sécuriser la frontière : « les illégaux prennent les emplois des Américains, ils sont une charge pour le contribuable estimée à des milliards de dollars chaque année », de plus la « frontière ouverte » a entraîné l'arrivée d'une « marée de drogue, de meurtriers et de gangs[1] ». Le registre de l'invasion est moins guerrier mais tout aussi notable. Dans un tout autre contexte en Israël, les activistes de Gader Le Khaïm font remonter leur engagement à l'attentat du Dolphinarium à Tel Aviv le 1er juin 2001, qui leur fit prendre conscience de la nécessité d'une « séparation physique » avec les Palestiniens. Néanmoins, ils recourent sur leur site à la rhétorique de l'« invasion » d'« Arabes » qui viendraient « s'installer » en Israël :

> La barrière empêchera à l'intérieur de la Ligne verte la réalisation rampante du “droit au retour” des Arabes vivant dans les territoires occupés (aujourd'hui environ 100 000 Arabes des territoires occupés se sont déjà “installés” à l'intérieur de la Ligne verte). [...] La barrière s'attaquera aux changements de l'équilibre démographique entre les populations juives et arabes à l'intérieur de la

1. Devin Browne, « Freshman Senator Takes on Enduring Immigration Issues », *KPBS news*, 28 juillet 2011.

Ligne verte, causant à l'économie et à la société des dégâts énormes, difficiles à estimer[1].

Par-delà cette rhétorique à peine voilée de l'invasion, c'est bien l'identité nationale qui est menacée aux yeux des partisans des murs. Cet enjeu d'ordre identitaire se traduit par une préoccupation liée à l'évolution démographique entre groupes ethniques aux États-Unis et en Israël-Palestine, mais aussi en Europe. Pour les pro-mur de l'Arizona, l'hispanisation de la société états-unienne est considérée comme une menace. Ainsi, lors du dîner de gala pour le lancement de l'appel aux dons Build the Border Fence organisé le 27 juillet 2011, Steve Smith exprime son malaise à ce sujet. Il se dit en effet « horrifié » par un phénomène qu'il appelle le « Tapez deux pour l'espagnol ». Il dénonce aussi le manque d'intégration des migrants mexicains. Le sénateur s'exclame : « Si vous n'aimez pas ce pays, si vous voulez amener votre langue, votre violence "*gangfare*", restez chez vous ou subissez les conséquences. Mais ne me faites pas changer parce que vous ne voulez pas vous adapter. » Cette angoisse de dilution identitaire d'une culture, qu'il ne définit cependant pas, est aussi soulevée par le sénateur Al Melvin qui défend

1. D'après le site en anglais de Gader Le Khaïm (Barrière pour la vie), section « A message from our chairman » dernièrement consultée au printemps 2014. Le site est désactivé depuis juin 2014.

une organisation identitaire du monde où un État aux frontières sécurisées est associé à une identité nationale : « Un pays est défini par ses frontières. Les frontières doivent être sécurisées. Vraiment. Une chose qui se passe actuellement en Europe s'est déjà passée en Californie. Ils n'ont pas contrôlé leur frontière. L'État de Californie a été perdu politiquement. Les Hispaniques contrôlent la Californie. [...] Pourquoi perdre son identité ? De nombreux pays sont entrés dans ce processus. Je ne crois pas que ça soit une bonne chose. »

Ces continuums discursifs entre demande de mur et peur de l'hispanisation de la société mettent surtout en lumière les tensions identitaires propres au projet national états-unien. En effet, la nation ethnocivique états-unienne tolère différents projets multiculturalistes mais affirme aussi la prééminence d'un socle anglo-saxon protestant. L'investissement de la cause pro-mur permet à ces acteurs de se positionner dans ces débats en proposant une définition exclusive, nativiste de la nation. De plus, ces acteurs vivent dans un État frontalier où croît une population hispanique (mexicano-américaine ou immigrée du Mexique ou d'Amérique latine, soit environ 30 % de la population), et où le poids des électeurs hispaniques va grandissant. Cette préoccupation pour la quantification démographique masque mal un mode de pensée racialisé de la société états-unienne et du monde.

En Israël, l'enjeu démographique est d'autant plus stratégique que le projet sioniste consiste dans son principe à créer un État où la population est majoritairement juive. Pour une partie de la société israélienne, le mur traduit le sentiment d'une menace envers ce projet majoritaire juif. Ainsi, le site de l'association Gader Le Khaïm mentionne clairement l'enjeu démographique, et son dirigeant, en entretien, joue les Cassandre d'un péril démographique : « Les Arabes le savent très bien, ils comprennent qu'Israël peut être éliminé démographiquement. » La rhétorique du projet majoritaire menacé permet d'entrer dans un des paradoxes du projet sioniste, où deux conceptions concurrentes de l'identité nationale s'affrontent : l'une, libérale, où la citoyenneté israélienne est censée dépasser les divisions ethniques entre populations arabe et juive et l'autre, ethnonationaliste, insistant sur la primauté juive. Outre le mur dans les années 2000, cet affrontement réapparaît à chaque secousse politique sur l'avenir de l'occupation militaire d'une population non juive, à savoir les Palestiniens. Comment préserver un cadre démocratique dans un État où la priorité est systématiquement donnée aux Juifs sur les non-Juifs ? Il semblerait que ce dilemme penche aujourd'hui du côté de la préservation de la judéité de l'État au détriment de son caractère démocratique, avec le vote par la Knesset le 19 juillet 2018 de la loi sur l'État-nation. Cette loi controversée réserve le droit à l'autodétermination au peuple juif, accorde à l'hébreu la primauté de langue officielle par rapport à l'arabe doté seulement d'un « statut spécial » et promeut « l'établissement des Juifs comme valeur nationale ». Pour le gouvernement dirigé par Benjamin Netanyahou, c'est une étape supplémentaire dans la défense du caractère juif de l'État. Pour les opposants, il entérine les discriminations à l'encontre des citoyens arabes de l'État et sape les fondations démocratiques d'Israël. Depuis l'arrivée au gouvernement début 2023 des tenants d'extrême-droite d'une suprématie juive et d'une intensification de la colonisation des Territoires palestiniens (voire d'une expulsion comme on l'entend depuis le 7 octobre), le caractère démocratique de l'État est en jeu. La tentative du gouvernement de s'en prendre à l'indépendance de la Cour suprême l'illustre et a fait descendre dans la rue des centaines de milliers d'Israéliens en opposition. Pour une partie de ces manifestants, il est clair que l'extrême-droite entend limiter les contraintes de la Cour sur les opérations de colonisation.

En résumé, pour les acteurs pro-mur, aborder le mur comme un enjeu de défense d'une identité nationale menacée permet de réaffirmer ou de revendiquer une position dominante – non pas face à des menaces en partie fantasmées, mais face à un nombre prétendument croissant d'« Autres », comme les citoyens et clandestins hispaniques issus de l'immigration plus ou moins récente en Arizona, ou les Palestiniens citoyens ou sous occupation en Israël-Palestine. Dans les deux cas, l'outil démographique est mobilisé, qu'il relève du sens commun et de pratiques institutionnelles aux États-Unis, ou qu'il relève d'un enjeu stratégique en Israël. Dans ce processus, le mur apparaît bien comme un outil rassurant en lien avec des mythes simplificateurs tels que « tous les Palestiniens sont des infiltrés en puissance », ou « la violence des cartels de drogue mexicains va fondre côté états-unien », ou encore « les Mexicains veulent reconquérir les territoires du sud-ouest des États-Unis perdus en 1848 ». Il repose sur des connaissances partielles ou biaisées, uniquement fondées sur les anecdotes ou les événements les plus violents. Il convient de constater qu'en Israël, l'attaque du 7 octobre est venue renforcer ce biais qui associe pour nombre d'Israéliens tout Palestinien à un terroriste en puissance, ce qui n'est pas le cas.

Et en Europe ? Peut-on voir derrière les murs et la militarisation des frontières des préoccupations similaires en termes identitaires ? On retrouve certes chez les anti-migrants européens des éléments tirés de la prophétie du « grand remplacement ». Celle-ci repose sur des données démographiques erronées (le surcroît de fécondité des femmes immigrées par exemple), un fantasme de changement civilisationnel obsédé par l'Islam et un discours complotiste (comme si ce « remplacement » était orchestré). Cette prophétie masque surtout le racisme de ses tenants derrière des analyses démographiques, rappelons-le, fausses[1]. En réalité, les préoccupations identitaires et sécuritaires prennent différentes formes selon les pays et les politiques de mur, mais témoignent, toutes, d'un rapport ambigu et complexe à la démographie, à l'identité nationale et à l'ethnicité. En Italie, le contrôle des frontières maritimes relève d'un enjeu de sécurité publique face au désordre autour de l'arrivée d'embarcations depuis l'Albanie, la Tunisie et la Lybie. Il s'y exprime une dramatisation populiste de l'intrusion migratoire par des élus, des membres du gouvernement ou des entrepreneurs moraux dans les médias[2]. En Grèce et à Malte, l'enjeu du contrôle des frontières est construit comme un enjeu identitaire, avec une forte xénophobie en Grèce notamment[3]. En Hongrie enfin, le gouvernement de Viktor Orbán fait de la lutte contre l'immigration un point central de son agenda politique en s'opposant aux plans européens de relocalisation des réfugiés,

1. François Héran, *Immigration : le grand déni*, Paris, Seuil, 2023.

2. Pietro Castelli Gattinara, *The Politics of Migration in Italy*, Londres, Routledge, 2016.

3. Guillaume Javourez, Laurence Pillant et Pierre Sintès, « Les frontières de la Grèce : un laboratoire pour l'Europe ? », *L'Espace politique*, vol. 33, n° 3, 2017.

comme en 2016 par un référendum toutefois invalidé. Il investit dans des murs aux frontières pour s'ériger en chien de garde de l'espace Schengen. Cette hostilité manifeste envers les étrangers non européens rejoint celle contre des minorités ethniques du pays. Cela est à réinscrire dans un projet politique populiste qui réaffirme une conception nativiste de la nation hongroise, pourtant en déclin démographique. S'y exprime une critique des sociétés ouvertes et plurielles au nom de la préservation des populations blanches et chrétiennes d'Europe. L'Europe médiane, la Hongrie en tête, se présente comme le rempart d'une Europe « véritable », pour reprendre les termes d'Orbán dans un discours de 2017[1]. Le contrôle des frontières est justifié selon lui par la sauvegarde de l'« européanité[2] ». Orbán en appelle d'ailleurs régulièrement à des précédents historiques comme le siège de Vienne par les Ottomans en 1683 avec une tonalité antimusulmane forte. À ses yeux, le mur est donc bien considéré comme un projet identitaire.

Dans ces différents cas de murs, la sécurité des frontières et le contrôle des mobilités permettent à des acteurs pro-mur de se positionner dans la définition des rapports entre groupes sociaux et

1. Ivan Krastev, Stephen Holmes et Pierre-Emmanuel Dauzat, « Populismes à l'Est : une angoisse démographique », *Le Débat*, vol. 204, n° 2, 2019, pp. 161-169.

2. Céline Cantat, « Citizenship and Exclusion in Contemporary Hungary », *Commons*, 23 janvier 2023, en ligne.

ethniques constituant les sociétés emmurées. Imposer sa perception de l'espace, c'est aussi imposer sa définition des rapports sociaux et ethniques. Autrement dit, le spectacle du mur vient marquer dans le territoire les inégalités socio-économiques et les dominations entre groupes ethniques et racisés. Ces pratiques de séparation, de ségrégation, d'emmurement de populations face à d'autres jugées « envahissantes » se retrouvent à une échelle plus locale dans le cas des communautés blindées (*gated communities*). C'est le cas de la ville d'Orania en Afrique du Sud. Fondée sur les cendres de l'apartheid en 1991, cette communauté est constituée de 2 500 personnes, toutes « blanches » afrikaners, descendantes de colons néerlandais. La communauté vit en autarcie, partageant un mode de vie similaire. Elle vit surtout déconnectée du reste de l'Afrique du Sud jugée « violente » et « décadente ». En d'autres mots, le mur, qu'il soit érigé aux abords d'un quartier ou d'un État, matérialise dans l'espace ce rejet de la diversité et une forme de repli sur soi, même s'il est justifié par des discours de sécurité et de protection.

Rapports de forces politiques

Les mises en scène du mur et les récits les accompagnant ont également pour but d'instaurer un rapport de forces, tant en politique intérieure qu'étrangère. En politique intérieure tout d'abord, dramatiser la nécessité de militariser les frontières permet aux acteurs pro-mur de se positionner dans des tensions propres aux sociétés qui s'emmurent. En d'autres termes, ériger des murs ou se mobiliser pour qu'ils soient érigés est un moyen d'infléchir les décisions des gouvernements en matière de défense ou d'immigration. Ces spectacles s'inscrivent dans des stratégies populistes. Ici et là, le projet est présenté comme étant « populaire » face à un gouvernement ou des élites, nationales ou européennes, réticentes à protéger le « peuple[1] ». Ariel Sharon, premier ministre israélien, ne s'y trompait pas quand, en 2002, en visite auprès de soldats avant le lancement d'une opération offensive contre le terrorisme palestinien, il reconnaissait la dimension politique du projet de « barrière de sécurité » : « L'idée de la barrière est populiste et sert avant tout des objectifs politiques[2]. »

Ces tensions politiques autour du mur sont évidentes aux États-Unis. Réclamer un mur engage directement la définition des rapports entre les États et le gouvernement fédéral. Les

1. Jacques Rancière, « L'introuvable populisme », *in* Alain Badiou, Pierre Bourdieu, Judith Butler, Sadri Khiari, Jacques Rancière, Georges Didi-Huberman, *Qu'est-ce qu'un peuple ?*, Paris, La Fabrique, 2013, p. 137 *sq.*

2. Amit Ben-Aroya, « Sharon to Seam Area Police: the Separation Fence is a Populist Idea », *Ha'aretz*, 12 avril 2002.

élus pro-mur d'Arizona défendent ainsi une conception du fédéralisme où les prérogatives des États fédérés en matière migratoire sont revendiquées. C'est ce que nous expliquait la sénatrice républicaine de l'Arizona, Gail Griffin, en 2013 : « C'est de notre responsabilité au niveau de l'État. Si le fédéral ne fait pas son travail ça devient notre travail ici de protéger le citoyen. [...] C'est Arizona contre Washington. » L'affrontement Arizona-Washington n'est pas le propre des élus républicains : la démocrate Janet Napolitano, alors gouverneure de l'Arizona, s'est confrontée de manière analogue à George W. Bush en août 2005. Les élus de l'Arizona sont donc prompts à recourir à une rhétorique anti-fédérale. Exprimer leur mécontentement face à ce qu'ils perçoivent comme l'inefficacité du gouvernement fédéral et tenir un discours pro-mur apparaît pour eux comme une manière de se légitimer politiquement. Répandues parmi les élus républicains au niveau national, ces idées reflètent un système de croyances conservatrices suspicieuses à l'égard de la centralisation et de la bureaucratisation du système politique états-unien. On les retrouve au moment de la réélection du sénateur John McCain en 2010. Dans un de ses clips de campagne où apparaît le shérif pro-mur Paul Babeu, tous deux marchent le long d'une « barrière » et s'en prennent au gouvernement fédéral. Ils insistent sur l'idée que, contrairement au gouvernement fédéral, eux compléteront « cette satanée barrière ». Plus récemment, en 2022, la candidate républicaine au poste de gouverneure de l'Arizona, Kari Lake, a attaqué le gouvernement fédéral en soulignant la nécessité de continuer le « mur de Trump », suspendu à la suite de l'arrivée au pouvoir de Joe Biden. À l'approche des élections de 2024, c'est surtout le gouverneur du Texas, Greg Abbott, qui tape sur la politique frontalière du président démocrate, et ce de différentes manières : en déployant la garde nationale le long du Rio Grande, risquant l'affrontement avec les agents fédéraux à Eagle Pass, en légiférant pour renvoyer les migrants côté mexicain ou en appareillant des bus vers le nord du pays.

En Israël également, les acteurs pro-mur posent à la base de leur engagement une contestation des choix de défense du gouvernement d'Ariel Sharon face aux attentats. Ils revendiquent une tactique défensive face aux tactiques offensives privilégiées par le gouvernement et l'armée en avril 2002. À la différence de l'Arizona, cette contestation ne s'inscrit pas dans un schéma de pensée organisée sur la nature du système politique. Ces acteurs ne remettent ni en cause le rôle de l'armée ni ne questionnent les prérogatives de l'État en matière de défense. Ils portent plutôt une voix dissonante sur les choix de défense opérés par le gouvernement. Israël est communément caractérisé par une symbiose entre nation et armée. Néanmoins, les critiques sur les stratégies politiques et militaires de la part de la société civile existent, à l'image du mouvement « Quatre mères » (Arba Imaot) qui a pesé sur les décisions de retrait de l'armée israélienne du Sud-Liban en mai 2000, ou encore aujourd'hui sur la priorité à libérer les otages détenus depuis le 7 octobre 2023 à Gaza. De plus, les décisions en matière de défense sont très centralisées, laissant peu de place à des outsiders pour tenter d'influencer ces décisions. C'est le cas pour la demande d'érection du mur en Cisjordanie. Les pro-mur en sont du moins convaincus : le projet a été imposé « par le bas » aux décideurs politiques et militaires, à l'origine réticents. Ainsi pour le général pro-mur Uzi Dayan, la stratégie d'Ariel Sharon de lutte contre le terrorisme était inopérante. Il mobilise son expertise militaire pour ouvertement critiquer le gouvernement. Azi Nagar, de l'association Kav Hatefer, une autre association pro-mur dans la colonie de Gilo au sud de Jérusalem, critique lui aussi l'absence de réaction de l'armée et du gouvernement face aux tirs palestiniens au début de l'Intifada : « Nous avons créé l'association car je connais notre gouvernement. [...] Il ne prend pas au sérieux les citoyens[1]. » De plus, les acteurs pro-mur se positionnent contre le

1. Entretien avec Azi Nagar le 15 avril 2012 à Gilo et entretien avec Avshalom Vilan le 27 mars 2012 à Tel Aviv, *in* Damien Simonneau, *op. cit.*, 2020.

projet politique de « Grand Israël », soit l'extension de l'État d'Israël au-delà de la Ligne verte, qu'ils attribuent à Ariel Sharon. Ils dénoncent ce « rêve », sans toutefois soutenir systématiquement la création d'un État palestinien. Le député du parti anti-occupation Meretz et membre du lobby pour le mur à la Knesset, Avhsalom Vilan, y fait référence : « [Ariel Sharon] rêve du Grand Israël, de son point de vue [la barrière] était une terrible erreur politique. » Témoignant d'un rapport conflictuel entre société civile et État, la cause pro-mur est donc un moyen, pour des acteurs minoritaires – aux États-Unis comme en Israël –, de peser dans la définition de politiques migratoires et de défense.

En politique étrangère, le spectacle du mur véhicule l'idée d'une « bataille », présente ou à venir, qui se jouerait aux frontières. Plus précisément, il s'appuie sur la perception et l'interprétation des situations migratoires et frontalières comme étant en état de guerre. Dans de nombreux cas, cet amalgame est trompeur. Il permet néanmoins d'instaurer un rapport de forces avec des États voisins. C'est notamment le cas aux États-Unis et aux frontières européennes ou australiennes.

Le terme de « guerre » est employé abusivement de nos jours contre un virus, contre le trafic de drogue, contre les cybermenaces ou celles contre l'« arme migratoire ». Certes, aux frontières de certains États, les murs sont parfois construits comme des outils de défense, nous l'avons vu, et s'inscrivent dans une conflictualité établie, par exemple entre Israéliens et Palestiniens ou entre Marocains et Sahraouis. Dans d'autres cas, les murs sont justifiés non pas par un conflit frontalier mais parce que des mobilités internationales, des migrations et des trafics sont codés en termes guerriers. Tout l'enjeu au sein de la politique de mur repose par conséquent sur la qualification en termes guerriers d'événements frontaliers, d'individus et de groupes impliqués (combattants, migrants, organisations criminelles) et d'intentions politiques.

Revenons à une définition admise de la guerre[1]. La guerre est un affrontement physique, létal, réciproque, mené à grande échelle par des belligérants constitués en acteurs politiques et avec des revendications politiques. Les situations de guerre et de paix sont parfois difficiles à distinguer, ce qui tend à un élargissement de la définition de la guerre pour incorporer des modalités dites « hybrides » ou « nouvelles » de guerre, lorsque les belligérants recourent à des moyens non meurtriers comme des attaques dans le cyberespace, le sabotage de gazoducs ou l'instrumentalisation de populations migrantes.

1. Élie Baranets, « Faut-il changer la définition de la guerre ? », *Raisons politiques*, vol. 88, n° 4, 2022, pp. 5-25.

Toutefois, appliquer un vocabulaire guerrier, comme « arme migratoire », à des situations migratoires n'a pas vraiment de sens. Il convient plutôt de comprendre pourquoi acheminer ou laisser passer des personnes en migration vers un État voisin s'inscrit dans des pressions et revendications diplomatiques plus larges.

Ainsi, l'UE et ses États membres accusent régulièrement certains de leurs voisins d'utiliser les « migrants comme arme », justifiant la nécessité d'ériger des murs à leurs frontières. Le dirigeant libyen Mouammar Khadafi exige en 2010 cinq milliards d'euros par an de la part de l'UE sous peine de laisser entrer « l'afflux d'Africains affamés et ignorants ». En Turquie, le président Erdoğan a également exploité les déplacements de Syriens de 2015 à son profit en signant un accord en 2016 pour les garder sur son territoire contre six milliards d'euros. Il réitère ce genre de pression à de multiples reprises, comme en mars 2020, relâchant ponctuellement le contrôle sur sa frontière avec la Grèce. La présidente de la Commission européenne réplique en des termes guerriers que la Grèce est « le bouclier de l'Europe ». Le Maroc sait aussi jouer de ce chantage en laissant passer des migrants vers les enclaves espagnoles, en fonction des désaccords diplomatiques sur le Sahara occidental. En mai 2021, il laisse passer 8 000 personnes vers Ceuta après que l'Espagne a soigné sur son territoire le chef des indépendantistes du Sahara occidental.

Enfin, le dictateur de Biélorussie Loukachencho promet en 2021 « d'inonder l'UE de migrants », après l'adoption de sanctions économiques par les Européens contre des personnalités et entreprises biélorusses – sanctions elles-mêmes en réponse à la répression contre les opposants à la réélection frauduleuse de Loukachencho et au détournement d'un avion sur Minsk pour capturer un opposant. À l'automne 2021, 3 000 à 4 000 personnes tentent de passer par la frontière polonaise. Bien que le régime nie toute responsabilité, leur venue depuis Beyrouth ou Damas a été facilitée par la compagnie d'État Belavia. Loukachencho espérait sans doute obtenir, comme le Maroc, la Libye et la Turquie, des avantages financiers tout en cherchant à destabiliser les Européens sur cette question.

Faut-il le souligner ? La rhétorique des « migrants comme arme » demeure pourtant une affirmation guerrière, spectaculaire, amalgamant des situations migratoires à des situations de guerre. Si elles sont instrumentalisées par des régimes prompts au chantage, les personnes migrantes ne sont pas des armes et toutes ces situations ne relèvent pas de la guerre *stricto sensu.* Les déplacements de migrants relèvent du droit international et des conventions de Genève, et l'UE dispose d'un arsenal juridique conséquent pour aborder en ces termes ces déplacements humains. Ce que la banalisation de cette rhétorique guerrière révèle, en revanche, c'est la frilosité des États membres qui, sauf pour les Ukrainiens, demeurent réticents à accueillir les personnes en migration. Ce chantage en dit en réalité assez long sur la difficulté de l'UE à adopter un positionnement commun vis-à-vis de l'immigration non européenne et de ses voisins agressifs. De plus, la rhétorique guerrière trahit en creux l'érosion des normes internationales de protection (asile, accès à la santé, protection subsidiaire, sauvetage en mer). Les exemples sont nombreux où les gouvernements même de démocraties libérales s'exonèrent des règles qu'ils sont légalement tenus de respecter. À partir de 2026, le Pacte européen sur la migration et l'asile prévoit un mécanisme en cas « d'afflux » ou en situation « d'instrumentalisation » quand un État tiers facilite le passage de migrants. Ce qu'il souligne c'est que les États seront alors à même de procéder à des restrictions en termes d'accueil et d'asile notamment. L'utilisation de termes guerriers et d'un vocabulaire de l'exception est donc propice à toutes les confusions et remises en cause des protections internationales.

Au-delà de l'enjeu de défense du territoire et d'entrave aux mobilités, la fonction de spectacle politique est commune à de nombreux murs contemporains. Marquer le territoire par un mur permet à un acteur politique d'affirmer son autorité et sa maîtrise des mobilités transfrontalières, aussi menaçantes ou violentes soient-elles. Pour un élu ou un décideur, le mur suggère publiquement la capacité de l'État à contrôler ses frontières. Par ce spectacle, il ressusciterait les mythes de l'autonomie nationale dans le monde globalisé tout en rassurant les citoyens[1]. Les différentes mises en scène et leur médiatisation répondent par ailleurs à d'autres attentes et permettent aux acteurs pro-mur de se positionner sur des enjeux identitaires et politiques propres aux sociétés qui s'emmurent. Ces spectacles mettent l'accent sur une vision guerrière des situations frontalières, au point de délégitimer tout autre imaginaire et récit alternatifs des mobilités, de rapport à l'étranger et au territoire.

1. Didier Bigo, Riccardo Bocco, Jean-Luc Piermay (dir.), « Logiques de marquage : murs et disputes frontalières », *in* « Frontières, marquages et disputes », *Conflits & Cultures*, n°73, printemps 2009, introduction, p. 10.

Chapitre 5

Contre les murs

> « Ils ne veulent pas voir disparaître le monde connu Les assimilationnistes Les opposants au multiculturalisme C'est ça qu'ils craignent La perte des repères Que tout change Qu'on n'ait pas le choix Que ce soit ça ou disparaître Que la langue se transforme Les visages aussi La substance profonde Que le pouvoir et même la peur changent de camp »
>
> Léonora Miano, « Le monde connu »,
> *Écrits pour la parole*, Paris, L'Arche, 2012, p. 17.

En septembre 2022, l'État français avait accueilli quelque 115 000 des 7,1 millions d'Ukrainiens fuyant leur pays attaqué par la Russie. Dans le cadre d'un accord européen, les États membres ont activé, à l'unanimité, une protection temporaire permettant aux Ukrainiens de se déplacer librement, de bénéficier d'un accompagnement social et d'accéder au marché du travail et à l'enseignement. Quel contraste avec le sort réservé aux 230 « migrants » du bateau *Ocean Viking*, débarqués à Toulon en novembre 2022 ! Ces ressortissants non européens ont été suspectés d'être de « faux réfugiés » et placés dans une zone d'attente *ad hoc* pour examiner leur situation, en parallèle de tractations entre États pour savoir lequel allait les accueillir. L'accueil des Ukrainiens a révélé une hospitalité à deux vitesses, non dénuée de racisme, envers des exilés fuyant pourtant eux aussi les conflits en Syrie, en Irak ou en Afghanistan. Il a aussi démontré qu'une politique d'accueil était à la portée des États européens et pouvait être organisée en fonction des volontés des personnes en migration et dans le respect de leurs droits. Bref, qu'aborder les mobilités au-delà du seul renforcement des frontières était possible, que les politiques du mur n'avaient rien d'immuable.

La question « Pourquoi s'emmurer ? » doit être comprise sous un angle résolument critique. Une réponse peut être formulée, non pas à partir des États qui décident de s'emmurer mais à partir des personnes que le mur tente d'arrêter. En effet, la politique du mur est partout contestée par des ONG, des juristes, des collectifs de citoyens solidaires et les personnes en migration elles-mêmes. Boats4People, Solidarity is not a crime, Frontexit, No More Deaths… Les mobilisations solidaires se multiplient à mesure que se renforce la sécurité frontalière, tant au niveau local, au pied des murs, que dans des collectifs transnationaux, parfois loin des frontières murées. Cela nous rappelle que l'imposition d'une norme de transgression (la frontière à ne pas franchir, le mur à ne pas escalader) génère en retour des actes de subversion, de contournement et de résistance.

Le mur est partout un projet controversé. Les acteurs contestataires ont pour point commun de prendre à bras-le-corps des questions sensibles comme : peut-on faire tomber les murs ? Peut-on imaginer d'autres modalités de circulation et d'accueil des individus à travers le monde ? Peut-on défendre l'accueil des étrangers ? Peut-on élaborer un récit et des mesures politiques qui dépassent le contrôle, l'exclusion, la peur ? Peut-on penser la frontière au-delà de la binarité citoyen/étranger et ami/ennemi ? Ils y répondent en fabriquant des imaginaires et des pratiques politiques alternatives au renforcement frontalier, au nom du respect des droits humains et du droit d'asile, de la solidarité internationale et de l'accueil avec les personnes en migration. Ils défendent une vision cosmopolite des frontières et de nos sociétés et réclament d'autres politiques frontalières et migratoires.

Toutefois, dans un monde où le contrôle frontalier est la norme, produire des alternatives au mur suscite de nombreux dilemmes pour passer des valeurs d'inclusion et d'accueil à des revendications concrètes. Comment donc faire vivre l'hospitalité, le cosmopolitisme et la liberté de circulation ? Face aux menaces aux frontières, quels accommodements faire valoir avec la souveraineté étatique, son filtre des mobilités et ses actions de défense ? Ceux qui contestent les murs sont parfois taxés de naïveté. Pourtant, ils rappellent que les États sont tenus au respect du droit et à la non-criminalisation de l'aide aux étrangers. Ils revendiquent aussi davantage de délibérations citoyennes dans les décisions de politiques migratoires et de sécurité pour mieux associer citoyens et immigrés. On les accuse aussi d'irréalisme et de peiner à formuler des politiques alternatives alors qu'ils font vivre concrètement en actes l'hospitalité et des formes de libre circulation. Ils s'essaient même en politique. Ensemble, ils tentent d'abolir les murs.

Le droit de contrôler

La politique du mur, en tant que déploiement d'infrastructures, de règlements et de pratiques de contrôle, est encadrée juridiquement. Elle intéresse le droit à plus d'un titre. Tout d'abord, elle questionne le statut du territoire sur lequel le mur est construit lorsqu'il est érigé sur un territoire disputé, comme au Sahara occidental, sous domination marocaine, ou dans les Territoires palestiniens occupés par Israël. En 2004, la Cour internationale de justice déclare d'ailleurs la

« barrière de sécurité » israélienne contraire au droit international. Le droit est aussi mobilisé lors de la construction de murs sur des frontières reconnues internationalement, notamment au titre de la défense de l'environnement ou encore de la propriété privée. Singulièrement, de nombreux procès sont intentés contre le gouvernement fédéral états-unien par des propriétaires texans installés le long du Rio Grande, qui contestent leur éviction au nom de la sécurité nationale. Enfin, le contrôle frontalier doit également s'inscrire dans le respect de normes internationales, comme les droits humains et le droit d'asile.

Le contrôle étatique obéit donc à des normes juridiques organisant l'entrée des personnes dans un territoire national, les conditions d'asile et d'accueil, de contrôle policier, d'enfermement et de renvoi des personnes considérées comme « indésirables » ou déboutées. Le droit est toutefois un outil ambigu et controversé quand il s'agit de politique de murs. Il permet à la fois la mise en œuvre du contrôle frontalier et sa contestation. Rappelons que la Déclaration universelle des droits de l'homme, dans son article 13, proclame que « toute personne a le droit de quitter tout pays, y compris le sien, et de retourner dans son pays ». Cette apparente reconnaissance d'une liberté de circulation est en réalité incomplète puisqu'elle se heurte aux décisions souveraines des États à accueillir qui ils souhaitent et à équiper comme ils l'entendent leur frontière, à condition de respecter le droit international. Droit de partir mais pas d'arriver, en somme. La tension classique porte entre exercice du contrôle souverain et respect des libertés individuelles et de l'asile. On retrouve cette tension dans le régime juridique bâti au sein de l'Union européenne autour du contrôle migratoire et frontalier depuis 1999.

D'un côté, le droit européen fournit des garanties juridiques de protection des droits des personnes en migration. Les États doivent octroyer le statut de « réfugiés », qui correspond à une protection juridique accordée au sens de l'article 33 de la convention de Genève du 28 juillet 1951, modifiée par le protocole de New York du 31 janvier 1967. Ils mettent en œuvre la protection d'une personne selon le principe suivant : « Aucun des États contractants n'expulsera ou ne refoulera, de quelque manière que ce soit, un réfugié sur les frontières des territoires où sa vie ou sa liberté serait menacée en raison de sa race, de sa religion, de sa nationalité, de son appartenance à un certain groupe social ou de ses opinions politiques. » Une autre protection est accordée au titre de la « protection subsidiaire » qui élargit les critères de Genève au risque de peine de mort, d'exécution, de torture et de traitements inhumains. Enfin le statut humanitaire spécial désigne une protection en vertu d'une loi nationale qui ne réunit pas les conditions prévues par le statut de « réfugiés » ou de « protection subsidiaire » – comme les raisons de santé ou la prise en charge de mineurs non accompagnés. Concrètement, la directive européenne « Procédures » de 2005 formule des normes minimales d'octroi du statut de réfugiés : l'accès à un interprète ou encore le recours effectif devant un tribunal en cas de refus. Elle établit aussi une liste de pays « tiers ou d'origine sûrs » où un débouté de l'asile pourrait être renvoyé. Cette liste est soumise à appréciation hautement politique par les États car elle leur permet de refuser d'examiner l'asile au nom du passage du demandeur par un « pays tiers sûr » auparavant. Cet ensemble de droits internationaux compose donc le droit d'asile, un droit qui repose sur un principe moral cher aux démocraties libérales : la protection des personnes persécutées en raison de leur opinion politique ou de leur appartenance à un groupe particulier.

D'un autre côté, le droit européen organise le contrôle migratoire et frontalier. Pour cela, le règlement européen le plus connu est celui dit de Dublin. Depuis 2003, il détermine l'État membre responsable de l'examen d'une demande d'asile. Cette répartition se fait selon le principe de la prise en charge du demandeur dans le premier pays où il est entré en Europe. Des possibilités de transfert s'opèrent alors entre les États concernés au nom de l'unité familiale par exemple, mais sont très peu fréquents.

Le système Dublin se heurte à des disparités entre États dans l'accueil et le traitement des réfugiés, ce qu'a souligné la Cour européenne des droits de l'homme en 2011 en condamnant la Belgique pour un transfert vers la Grèce où les garanties de protection y étaient moindres. Le système aboutit aussi à une charge plus importante pour les pays du sud de l'Europe, où sont entrés une majorité de demandeurs depuis 2015. Ce système masque mal un manque d'accord politique et de confiance entre États. Toute réforme du système Dublin est difficile car les États ont tendance à se décharger de leur responsabilité, parfois pour des raisons idéologiques. C'est notamment le cas du groupe de Visegrád qui comprend la Hongrie, la Pologne, la Tchéquie et la Slovaquie : ces pays s'opposent régulièrement à toute imposition de mécanismes de répartition obligatoire. Le risque de ce système est donc que des rétablissements de contrôle se manifestent entre États membres si un État n'a pas confiance dans l'application des règles communes par son voisin. Ce fut le cas en 2011 entre la France et l'Italie au moment de l'arrivée de Tunisiens, ou encore en 2015, quand l'arrivée de Syriens a fait se dresser les murs sur la route des Balkans. De plus, le système Dublin fonctionne grâce à la prise d'empreintes digitales des demandeurs dans la base de données commune, Eurodac. Ce système a montré son dysfonctionnement en 2015, lorsque la Grèce n'a pas enregistré les demandeurs pour ne pas avoir à traiter leur demande sur son sol. Si en théorie les États européens respectent les garanties juridiques internationales en termes d'asile et de procédures d'accueil, en pratique l'effectivité de ces droits dépend de leur bonne volonté à coopérer pour la mettre en œuvre ensemble. Cela est aussi conditionné aux relations entre États membres, à l'image du traitement particulier des Ukrainiens aujourd'hui, mais aussi à l'évolution des politiques d'immigration en général.

La philosophie dominante de la politique européenne de migration et d'asile commune est d'octroyer un niveau fort de protection internationale tout en harmonisant des procédures de contrôle et des mécanismes de solidarité entre États membres, souvent récalcitrants. Cette ambiguïté se retrouve dans le Pacte européen sur la migration et l'asile adopté en avril 2024 pour une mise en application en 2026. Il est saturé de dispositions juridiques plus ou moins contraignantes pour harmoniser les pratiques de contrôle migratoire des États. Il préconise la détention systématique de toutes les personnes migrantes sans titre de séjour, le renforcement des contrôles aux frontières extérieures de l'UE, via l'agence Frontex, ainsi qu'une procédure d'asile express pour accélérer le retour des déboutés. Il contient toutefois des mesures protectrices pour les personnes LGBT, les mineurs et les plus vulnérables.

Le Pacte cherche avant tout à rétablir la confiance entre États membres. Il veut instaurer un mécanisme de solidarité flexible pour les États qui pourront choisir soit d'accueillir des demandeurs d'asile, soit de contribuer matériellement et financièrement au contrôle des frontières extérieures. Dans son esprit, le Pacte se concentre donc surtout sur le contrôle, laissant hors de son périmètre des dimensions essentielles d'une politique migratoire, comme l'organisation de davantage de voies légales de migration, l'intégration et la lutte contre les discriminations. De manière générale, l'asile y est de plus en plus gangrené par le renforcement du contrôle de l'immigration. Or, plus les possibilités d'immigration légale se restreignent, plus les demandent d'asile augmentent, ce qui amène les États à les considérer avec suspicion. En atteste l'obsession des États à trier les « migrants économiques » et les « réfugiés politiques » alors même que nombre de parcours migratoires sont mixtes. Cela transparaît clairement dans ce Pacte européen qui fait la part belle au contrôle au détriment des droits.

L'effectivité de l'asile est ainsi tributaire de la volonté politique. Celle qui domine actuellement chez nombre de gouvernements européens consiste à mettre à distance la prise en charge des réfugiés : soit en assignant aux réfugiés une résidence dans les pays limitrophes « tiers » (Turquie,

Balkans, Maroc, Tunisie), soit en forçant leur traitement dans les premiers pays d'arrivée (Grèce, Italie, Espagne, Malte, Chypre). Si les États membres de l'UE ne parviennent pas à se mettre d'accord sur des mécanismes de répartition des demandeurs d'asile, ils se retrouvent néanmoins sur le renforcement du contrôle frontalier. En résumé, le droit européen est favorable au renforcement du contrôle tout en professant garantir un haut niveau de protection internationale. Le respect du droit d'asile par les États membres entre donc en tension avec la bonne volonté des États à le mettre en œuvre et la confiance mutuelle qu'ils établissent entre eux.

Le droit de contester le contrôle

Le droit peut également être considéré comme une « arme[1] » dans le but de contester le contrôle des frontières. D'où des dilemmes permanents du point de vue des contestataires des murs : quelle est la portée du droit pour encadrer l'action des contrôleurs de frontière et la construction des murs ? Faut-il l'utiliser ou privilégier d'autres formes de contestation ? Au niveau onusien, des tentatives de synthèse

1. Liora Israël, *L'Arme du droit*, Paris, Presses de Sciences Po, 2020, 2e édition.

essaient de concilier respects des droits individuels et contrôle étatique, utile pour aborder la migration sous un autre angle que le contrôle.

Faire usage du droit d'un point de vue contestataire, c'est rendre publiques des mesures de contrôle (rétention, zone d'attente, pratiques préfectorales, renvoi, etc.) et acquérir une expertise juridique (comme écrire des recours) mise au service des individus qui en ont besoin. C'est aussi alimenter un contentieux pour espérer rappeler l'État à ses obligations juridiques. Reste que son utilisation suscite de nombreux questionnements. Tout d'abord, son usage s'apprécie par rapport à d'autres formes d'action, à disposition des mouvements et organisations. En effet, l'usage du droit implique la maîtrise d'un degré de technicité. Si l'on s'en tient au secteur associatif français, le Gisti (Groupe d'information et de soutien aux travailleurs immigrés) a été constitué dans les années 1970 pour faire qualifier en droit les enjeux liés à la présence de travailleurs migrants dans un premier temps, puis des étrangers dans un deuxième. Il a progressivement appris à domestiquer ces éléments juridiques via l'établissement de permanences juridiques. L'investissement des tribunaux leur a permis d'alimenter un contentieux dans l'espoir de changement politique. On peut d'ailleurs noter les succès des « grands arrêts Gisti », dont celui de 1978 du droit des étrangers à mener une vie familiale normale. Aux frontières françaises, l'expérience de l'Anafé (Assistance nationale aux frontières pour les étrangers) témoigne également d'une spécialisation progressive dans un domaine du droit des étrangers. Témoins à la fin des années 1980 de pratiques d'enfermement d'étrangers sans cadre légal et invisibles par la police aux frontières, les syndicats de personnel des aéroports parisiens se sont rapprochés d'associations de défense des droits humains. L'une des premières actions de documentation a conduit le ministère à légiférer et à donner une base légale au maintien des étrangers en zone d'attente par la loi Quilès. En convention depuis 1995 avec le ministère de l'Intérieur, l'Anafé lutte contre les violations des droits aux frontières, aujourd'hui avec l'Italie ou à Mayotte, par exemple. Ensuite, ces diverses actions de surveillance juridique ont contribué à créer le régime juridique, qui est à présent dénoncé comme attentatoire aux droits. L'Anafé a de ce point de vue contribué à créer le cadre légal de la zone d'attente tout en demandant la fin de l'enfermement des mineurs, un recours suspensif pour tous et la permanence d'avocats. Enfin, l'usage du droit nécessite pour les contestataires un degré de technicité que toutes les associations ne peuvent pas acquérir. C'est notamment le cas au niveau européen. Tenter de peser sur l'élaboration des régulations européennes nécessite de s'en remettre à des collectifs spécialisés en droit européen et capables d'influencer le contenu des directives et règlements auprès des institutions européennes[1]. Les ONG investies à Bruxelles sont souvent des réseaux d'ONG plus vastes, spécialisés en affaires européennes, comme European Council on Refugees and Exiles (ECRE), PICUM ou EuroMed Rights.

Au regard de ces dilemmes en matière d'usage du droit dans un sens contestataire, comment dès lors encadrer juridiquement le contrôle frontalier ? C'est le sens des actions juridiques menées contre les pratiques de l'agence européenne de garde-frontières et de garde-côtes Frontex. Les opérations de Frontex aux frontières extérieures de l'UE sont régulièrement contestées comme remettant en cause le principe de non-refoulement, pourtant au cœur des conventions de Genève. Celui-ci implique que pour solliciter l'asile une personne doit atteindre le territoire de l'État. Cela soulève des enjeux concrets d'application des droits lors du sauvetage et de l'interception d'embarcations en mer. En Méditerranée, au large des Canaries ou en mer Égée, une zone d'ombre existe sur les agissements de Frontex et des garde-côtes nationaux. Certains bateaux sont laissés à la dérive sans que ceux et celles à bord ne puissent demander l'asile, comme l'a rappelé le

1. Pierre Monforte, *Europeanizing Contention: the Protest Against "Fortress Europe" in France and Germany*, Oxford, Berghahn Books, 2014.

cas tragique du « *left to die boat* ». En mars 2011, 72 passagers sur un bateau au large de la Libye ont dérivé pendant 14 jours alors que plusieurs signaux de détresse relayaient aux autorités libyennes, italiennes et à Frontex leur localisation. Seuls 9 d'entre eux ont survécu. Dans d'autres cas, des pratiques de refoulement sont dénoncées. Frontex a été accusé en 2022 par l'office antifraude de l'Union européenne, des parlementaires européens et des ONG, de couvrir les refoulements en mer Égée des garde-côtes grecs. La pratique serait massive de la part des autorités grecques pour décourager les migrants d'arriver sur le sol européen, au vu et au su de l'agence européenne qui participe logistiquement et financièrement à ces opérations. Plus largement, l'action de Frontex soulève des inquiétudes sur le manque de responsabilité juridique de l'agence. En interne, un rapport exonère Frontex de violation systématique des droits notamment lors de refoulements en mer Égée, mais demande plus de transparence, de captures vidéos des interpellations et de recensements automatiques des violations des droits.

Le contrôle frontalier européen est aussi censé respecter la dignité humaine et l'absence de discrimination, ce qui est contesté par les ONG. En 2021, le Syria Justice and Accountability Center accuse l'agence Frontex et les autorités grecques de crimes contre l'humanité dans ses centres de détention et en mer auprès de la Cour pénale internationale. De leur côté le Front-Lex et le Legal Centre Lesbos accusent Frontex de ne pas respecter les traités européens en matière de droits fondamentaux, demandant à l'agence de cesser ses activités dans cette zone avant d'engager des poursuites devant la Cour de justice de l'Union européenne (CJUE). Une requête a également été soumise en juin 2019 auprès de la Cour pénale internationale contre les États membres de l'UE pour leur implication dans les morts en Méditerranée et la détention et les mauvais traitements dans les prisons libyennes.

Ces exemples de rappel à la responsabilité juridique des États et des contrôleurs comme Frontex attestent de la difficulté à faire valoir les droits aux frontières. La conformité des opérations de contrôle au droit international et aux droits fondamentaux se heurte à une difficulté à établir les responsabilités légales et à déterminer les causes d'un acte de violence. C'est d'autant plus complexe dans un contexte d'externalisation du contrôle à des pays tiers comme la Libye ou à des entreprises privées. Ces zones d'ombre dans le contrôle aux frontières impactent la capacité des personnes en migration à exercer leurs droits tout en renforçant la collaboration avec des régimes peu scrupuleux sur l'application des droits.

Face à ces tensions dans l'application du droit aux frontières, comment donc équilibrer les prérogatives de contrôle frontalier et le respect des droits individuels ? Au niveau onusien, une synthèse multilatérale s'est opérée. Elle s'incarne dans l'adoption en décembre 2018 du Pacte mondial pour des « migrations sûres, ordonnées et régulières ». L'exercice de synthèse est périlleux. Si le contrôle des frontières est une priorité pour les pays du Nord, ce n'est pas le cas pour les pays du Sud, qui ont au contraire besoin de l'émigration pour soulager leur marché du travail et contribuer à leur développement. À ces divergences entre États s'ajoutent les critiques d'ONG remontées contre les politiques sécuritaires des pays du Nord et les violations des droits des migrants. Après plusieurs années de discussion, l'ONU s'est réfugiée dans un discours aseptisé[1]. Le titre du Pacte ne parle pas de « contrôle » des migrations, mais de migrations « ordonnées » et « régulières ». L'ONU se démarque ainsi de l'obsession sécuritaire des pays développés et envisage des migrations de travail légales, lesquelles bénéficieraient à tous les pays. De même, la notion de migrations « sûres » implique la nécessité de protéger les migrants, dans un contexte où nombre d'entre eux perdent la vie en tentant de franchir des frontières, mais sans pour autant insister sur les droits des migrants, comme le droit d'asile, que les États du Nord perçoivent comme un obstacle à leur

1. Antoine Pécoud, « Narrating an Ideal Migration World? An Analysis of the Global Compact for Safe, Orderly and Regular Migration », *Third World Quarterly*, vol. 42, n° 1, 2021, pp. 16-33.

souveraineté et à leur volonté de mise à distance des migrants. À l'instar des autres documents précédemment adoptés par l'ONU sur le sujet, le Pacte est un instrument non contraignant. Il se contente d'énoncer des principes sans obliger juridiquement les États à les mettre en œuvre. Malgré le caractère ambigu de son contenu, le Pacte a fait l'objet, tout au long de l'automne 2018, de polémiques virulentes. Les États-Unis, Israël, l'Australie, la Hongrie, la Pologne et l'Autriche se sont retirés, estimant que le Pacte empêcherait les États de contrôler leurs frontières. Ces arguments sont infondés et surtout utilisés de manière opportuniste dans des climats politiques nationaux dominés par le spectacle du mur et la méfiance à l'égard des étrangers. Bien que des doutes demeurent sur l'effectivité de tels standards internationaux et sur la portée de l'outil juridique pour encadrer le contrôle étatique des frontières, cette initiative onusienne a le mérite d'exister. Elle tente d'équilibrer contrôle et droits. Elle pose aussi plus largement la question de la politisation des migrations, en phase avec le renouvellement des formes de solidarité envers les personnes en mobilité internationale aujourd'hui.

La solidarité en actes

Depuis 2015, la solidarité avec les migrants s'est diversifiée. Et avec elle, les formes de contestation du contrôle se sont renouvelées. Les solidaires traduisent en actes, sous différentes formes d'assistance juridique ou humanitaire, l'hospitalité envers les étrangers. Ils font néanmoins face à la criminalisation de leur entraide, et ce dans de nombreux pays. Cette solidarité en actes compose aussi avec les personnes en migration, qui démontrent leur autonomie et leur propre résistance aux pratiques de contrôle.

En France, les années 1990 ont été marquées par la cause des « sans-papiers ». Elle a permis d'allier associations chrétiennes, défenseurs des droits, militants d'extrême-gauche et une gauche extra-parlementaire lors du mouvement de l'église Saint-Bernard à Paris en 1996. Les années 2000 ont vu apparaître, avec le durcissement sécuritaire des politiques migratoires, de nouveaux acteurs, comme le Réseau Éducation Sans Frontières (RESF). Les années 2010 et la « crise des réfugiés » de 2015 ont fait évoluer la cause des étrangers vers les lieux de visibilité et de passage des personnes en migration comme Sangatte, Calais, la Roya ou encore le nord et l'est de Paris. Des nouveaux collectifs de riverains ou de citoyens solidaires se sont emparés de missions d'accueil et d'entraide[1], dans une tonalité de défiance vis-à-vis des pouvoirs publics, des partis politiques mais aussi des ONG qui travaillent avec

1. Isabelle Coutant, *Les Migrants en bas de chez soi*, Paris, Seuil, 2018.

l'État. Contrairement à des ONG et associations professionnalisées dans l'aide humanitaire et juridique, ces nouveaux solidaires se sont parfois emparés de l'hébergement, du transport et de l'aide aux migrants en déconnexion des associations. C'est aussi le cas ailleurs en Europe. Dans la ville de Bruxelles[1], des dizaines de milliers de personnes ont hébergé des migrants dormant dans le parc Maximilien, via la Plateforme citoyenne de soutien aux réfugiés. Leur mobilisation a débouché sur la création d'un *hub* humanitaire à la gare du Nord. Ces hébergeurs citoyens soutiennent lors des élections municipales de 2018 l'idée de faire des communes des territoires d'hospitalité, en opposition à un gouvernement jugé trop répressif.

La diversification des profils solidaires s'est donc accompagnée d'un questionnement sur la manière de contester le contrôle. D'un côté, les collectifs citoyens, à l'origine plutôt protestataires, ont progressivement professionnalisé leur action au point de se constituer en acteurs légitimes du sauvetage et de l'assistance. Le mouvement citoyen Tous Migrants, à Briançon, a été créé spontanément en 2015, dans une indignation face au drame humanitaire sur les routes migratoires européennes. Puis il s'est impliqué

1. Youri Lou Vertongen, « Soutien politique et soutien humanitaire : retour sur les solidarités citoyennes avec les réfugié·e·s en Belgique », *Mouvements*, vol. 93, n° 1, 2018, pp. 127-136.

aux côtés d'autres associations dans des maraudes dans les montagnes pour aider les personnes en migration. De l'autre, les ONG traditionnelles tendent à repolitiser leur coopération avec l'État et à devenir plus protestataires[1]. La diversification des acteurs de la solidarité renforce surtout un dilemme propre à ceux qui contestent le contrôle étatique : quel degré de coopération avec l'État adopter ? Autrement dit, faut-il « contester ou attester[2] » le contrôle migratoire ? « Attester » consiste à ne pas questionner le contrôle frontalier, insister surtout sur l'intégration des populations migrantes et travailler avec l'État dans les centres de rétention administrative, ou dans la distribution de nourriture supervisée par la préfecture. Pourtant, l'engagement militant à défendre les personnes en migration se heurte à la participation à un dispositif jugé excluant, contrôlant et parfois attentatoire aux droits fondamentaux. Afin d'aider les demandeurs, les ONG reproduisent des routines et pratiques des administrations par exemple lorsqu'elles aident un migrant à contester son refus d'asile. Le risque pour les associations est donc bien de consolider le

1. Donatella Della Porta et Elias Steinhilper, « Solidarities in Motion: hybridity and Change in Migrant Support Practices », *Critical Sociology*, vol. 47, n° 2, 2021, pp. 175-185.

2. Mathilde Pette, « Association : les nouveaux guichets de l'immigration ? Du travail militant en préfecture », *Sociologie*, vol. 5, n° 4, 2014, pp. 405-421.

contrôle en place, voire d'incorporer et de reproduire la logique sécuritaire. Elles deviennent alors un des chaînons des politiques migratoires. « Contester » signifie plutôt critiquer systématiquement le contrôle des frontières, défendre des formes de liberté de circulation des individus et revendiquer une indépendance d'action du secteur associatif et citoyen. Cela signifie aussi proposer d'autres définitions des politiques migratoires et frontalières.

Ce questionnement sur le rapport au contrôle étatique est au cœur de l'élaboration de campagnes de plaidoyer pour des politiques migratoires alternatives. En novembre 2017, des collectifs comme Roya citoyenne, un syndicat comme la CGT et des associations comme la Cimade, le Gisti ou Amnesty International lancent les États Généraux des Migrations. Un processus de consultation est enclenché à travers la France afin de rédiger des « cahiers de doléances » sur ce qui semble « inacceptable » du point de vue des acteurs solidaires, et ce qui devrait être mis en place. Ce projet s'inscrit en porte-à-faux du projet de loi migratoire alors en préparation. La consultation débouche sur l'adoption d'un manifeste le 25 mai 2018 « pour une politique migratoire respectueuse des droits fondamentaux et de la dignité des personnes » débattu et validé par quelque 500 représentants et militants des associations et ONG. Six idées y ont été détaillées : 1) un accueil digne des nouveaux arrivants, 2) le respect du droit d'asile, 3) l'égalité des droits des Français et des étrangers, 4) la reconnaissance des initiatives citoyennes dans l'accueil et le soutien aux étrangers, 5) la modification des règles concernant l'accès au territoire français et des politiques européennes et internationales, 6) les conditions de réalisation et de mise en œuvre d'une telle politique alternative[1]. Ce mouvement donne naissance ensuite à des publications, des événements communs, un partage des bonnes pratiques dans les relations avec les préfectures, dans la recherche de logement ou encore dans l'accueil en milieu rural.

Un tel processus en rappelle d'autres en Belgique et en Italie. Il vise aussi à sortir de la seule action d'entraide d'urgence pour interpeller, sur le moyen terme, les élus, les candidats aux élections et les partis politiques. Les États Généraux des Migrations ont travaillé également avec l'ANVITA, l'Association nationale des villes et territoires accueillants, qui élabora sa propre convention sur l'accueil des migrants. En Italie, la commune de Riace en Calabre s'est fait connaître comme un modèle d'accueil et d'installation, régénérant la communauté villageoise, au prix d'attaques judiciaires virulentes.

1. Manifeste des assemblées locales réunies pour la première session plénière des États Généraux des Migrations, lundi 28 mai 2018.

Car la solidarité en actes doit aussi faire face à une forte criminalisation des actions d'entraide. La polarisation politique autour de l'immigration s'est caractérisée par des attaques envers les défenseurs des droits de la part des partis, associations et gouvernements de droite et d'extrême-droite. Elle témoigne bien d'une détérioration des cadres démocratiques libéraux. Le champ d'action du secteur associatif s'en trouve réduit. Ainsi dans la Hongrie de Viktor Orbán, les associations de défense des étrangers sont visées depuis juillet 2018, en particulier l'assistance aux demandeurs d'asile dans les villes de transit. Une taxe sur les campagnes de « soutien à l'immigration » a été instaurée. Ce processus de long terme prend place dans une restriction plus générale des libertés civiles. De même, la contestation des politiques migratoires d'Orbán se niche dans une contestation du régime[1]. En Pologne, le 2 septembre 2021, l'état d'urgence a été décrété dans la région frontalière de Białowieża. Il a permis d'interdire l'accès aux ONG pour aider les personnes en migration bloquées dans cette forêt voisinant la Biélorussie. En France, dans un contexte prolongé d'état d'urgence depuis 2015, puis aggravé par la crise

1. Céline Cantat, « Répression, négligence et solidarité : quel accueil pour les migrants en Hongrie ? », *in* Annalisa Lendaro, Claire Rodier et Youri Lou Vertongen (dir.), *La Crise de l'accueil : frontières, droits, résistances, Paris,* La Découverte, coll. Recherches, 2019, pp. 273-298.

sanitaire en 2020, les entraves à l'entraide consistent en des attaques verbales contre les associations, des coupes de subvention, des plaintes et procès contre les militants solidaires, ou des entraves administratives (comme le refus d'agrément ou d'accès aux lieux d'enfermement) et policières (comme des amendes ou des arrestations) à l'encontre de certains bénévoles[1]. En avril 2020, l'association Utopia 56 a comptabilisé 37 amendes en trois semaines contre ses bénévoles alors qu'ils distribuaient des tentes et de la nourriture à Calais. Ces pressions sont à lier à une vidéo d'un policier disant son intention d'« user » les militants en multipliant les amendes. En réponse à ces attaques, le collectif Délinquants solidaires surveille les entraves au soutien aux étrangers. Il observe également le comportement des agents de l'État et s'oppose à l'interpellation ou l'expulsion de personnes en situation irrégulière.

Cette criminalisation a été portée médiatiquement par Cédric Herrou, agriculteur de la vallée de la Roya. Poursuivi pour avoir convoyé des migrants venus d'Italie et organisé un camp d'accueil en 2016 dans les Alpes-Maritimes, il a été condamné en première instance à une amende, puis à une peine de prison en cassation. Le

1. Antonio Delfini, Adrien Roux et Julien Talpin, « La restriction des libertés associatives », *in* Patricia Coler (dir.), *Quel monde associatif demain ?*, Toulouse, Érès, 2021, pp. 25-36.

contentieux est allé devant le Conseil constitutionnel qui, en juillet 2018, consacre « la liberté d'aider autrui, dans un but humanitaire, sans considération de la régularité de son séjour sur le territoire national ». Il limite la reconnaissance de ces actions de « fraternité » à l'intérieur du territoire français, et non dans l'aide à entrer à l'intérieur de celui-ci, autrement dit à franchir la frontière. Au-delà de ce cas médiatisé, les pratiques de solidarité avec les étrangers sont, aux frontières comme ailleurs, sous pression.

Dans ce renouvellement de la contestation du contrôle frontalier, les bénéficiaires des actions de solidarité, à savoir ceux que l'on amalgame par abus de langage derrière le terme de « migrants », sont partie prenante de la lutte contre le contrôle. Les politiques du mur tendent partout à les déshumaniser voire à les considérer comme des individus passifs et victimes, soit à sauver ou à davantage contrôler. Au contraire, ils font montre d'autonomie. Les personnes en migration ne sauraient être réduites à ces statuts de héros ou de victimes. Ce sont des êtres humains dont les décisions de quitter leur pays sont à la fois personnelles (fuir des persécutions) et structurelles (conditions de vie économiques difficiles). Ils développent des pratiques de résistance et parviennent à subvertir les politiques de sécurité en place. Tout l'enjeu pour les solidaires est de travailler l'articulation de leur entraide avec leurs luttes. L'enjeu migratoire doit donc être absolument abordé du point de vue de ceux et celles qui migrent et de leurs expériences de voyage.

L'autonomie des migrants[1] s'engage dans une relation de pouvoir et de conflit avec les politiques de contrôle. Le mur existe aussi dans la confrontation entre ceux qui traversent et ceux qui contrôlent. Les migrants résistent au contrôle qu'on leur impose. On peut citer le refus de l'assignation à résidence et à l'enfermement – on pense à ceux et celles qui ont fui la zone d'attente de Toulon après le débarquement de l'*Ocean Viking* en novembre 2022. On peut aussi inclure le refus de prise d'empreintes dans la base de données européenne Eurodac en guise de rejet du système Dublin. Parfois, ce sont des grèves de la faim qui sont entamées pour attirer l'attention sur des situations désespérées ou encore des occupations et manifestations symboliques, comme le collectif de Gilets noirs à l'intérieur du Panthéon à Paris en 2019 pour interpeller sur la présence dans la société et l'économie française des « sans-papiers ». Les actions de résistance peuvent être ainsi de trois ordres[2] : par « dissidence », comme les grèves de

1. Charles Heller, Lorenzo Pezzani et Maurice Stierl, « Vers une politique de la liberté de mouvement », *Communications*, vol. 104, n° 1, 2019, pp. 79-93.

2. Maurice Stierl, *Migrant Resistance in Contemporary Europe*, Routledge, 2018.

la faim, dans une optique de confrontation publique pour forcer les gouvernements à réagir ; par « excès », c'est-à-dire par le recours à la violence et la destruction, comme lors de l'incendie du camp de Mória en Grèce en septembre 2020 ; par « solidarité », comme le système « Alarm Phone », appuyé sur 130 personnes solidaires dans 13 pays, qui permet de faire circuler des numéros de téléphone pour organiser des sauvetages en mer Méditerranée.

Ces luttes peuvent être aussi électorales. Aux États-Unis, cela prend la forme de l'activisme de la part de collectifs de migrants, dont les Dreamers, ces jeunes diplômés « sans-papiers », pour mobiliser le vote hispanique au profit d'élus démocrates favorables à des mesures de régularisation[1]. Que cela soit aux frontières ou à l'intérieur des territoires, les formes de résistance au contrôle se sont multipliées ces dernières années. Elles impliquent partout citoyens solidaires, personnes en migration, associations et ONG. Ensemble, ils portent une autre conception des politiques migratoires et de contrôle frontalier, dans un sens plus inclusif et hospitalier.

1. Damien Simonneau, « "*Don't California my Arizona*": Mobilisations & polarisations partisanes autour de l'immigration », *in* David Diallo, Éric Rouby et Adrien Schu (dir.), *Trump ou l'érosion de la démocratie américaine*, Presses universitaires de Bordeaux, 2023, p. 287-306.

Faire vivre le cosmopolitisme

Le but des résistances à la politique du mur, tant des solidaires que des personnes en migration, est de ne pas laisser les contrôleurs dominer la définition des politiques frontalières et migratoires. Pour cela, les contestataires s'appuient sur d'autres cadres de pensée de la mobilité humaine contemporaine, tels que la liberté de circulation des humains à l'échelle planétaire, des principes d'hospitalité envers les étrangers et la revendication d'appartenances multiples à différentes sociétés et cultures. La « condition cosmopolite[1] », pour reprendre l'expression de Michel Agier, est aujourd'hui un contre-discours au mur. Elle se décline en plusieurs projets philosophiques et politiques comme l'hospitalité inconditionnelle, l'ouverture des frontières, l'intégration des personnes en mobilité aux sociétés et la participation politique des immigrés. Toute la difficulté est d'incarner en actes ces différents projets.

Le premier projet cosmopolite, inspiré d'Emmanuel Kant, vise à supprimer les contrôles frontaliers, si ce n'est à abolir les frontières elles-mêmes. Selon le philosophe des Lumières, l'hospitalité envers l'étranger est un devoir moral primaire, un inconditionnel devoir d'humanité[2].

---

1. Michel Agier, *La Condition cosmopolite : l'anthropologie à l'épreuve du piège identitaire*, Paris, La Découverte, 2013.

2. Benjamin Boudou, *Politique de l'hospitalité : une généalogie conceptuelle*, Paris, CNRS Éditions, 2016.

Dans les faits, sa réalisation demeure inachevée car nécessairement limitée. Kant estime que l'hospitalité se comprend plutôt dans une articulation entre droit de visite, droit de résidence et droit d'asile. Ce projet d'hospitalité inconditionnelle influence les tenants de l'abolition des frontières. Les contrôles frontaliers sont considérés comme allant à l'encontre de la liberté de circulation, droit fondamental et universel de l'individu. Ainsi, le réseau transnational No Border reprend cette conception tout en opérant selon des préceptes anarchistes. Il s'est illustré à de nombreuses reprises en constituant des camps de formation pour les militants membres à Strasbourg, Bruxelles, Stockholm, Calais et Vintimille, ou lors de sommets européens. Les activistes présents mènent des manifestations de soutien aux personnes exilées mais aussi surveillent les policiers dans des lieux frontières. Le réseau joint à sa dénonciation de la frontière une critique du capitalisme et de l'exploitation des travailleurs migrants au nom de la justice et de l'égalité entre êtres humains.

Un deuxième projet cosmopolite ne rejette pas totalement la notion de frontière, lui reconnaissant un statut anthropologique indépassable car caractéristique de la constitution de toutes communautés humaines et politiques[1]. Il s'agit

1. Claude Raffestin, « Autour de la fonction sociale de la frontière », *Espaces et sociétés*, 1992, n° 70-71, pp. 157-164.

davantage de valoriser des scénarii d'ouverture des frontières que les États pourraient mettre en œuvre en en vantant les aspects positifs[1]. Il s'appuie sur des exemples réussis de circulation transfrontalière à des échelles régionales ou entre deux pays. L'ouverture des frontières permettrait, tout d'abord, de mettre fin aux morts en migration, tout en rendant l'activité des « passeurs » inopérante. Elle permettrait de lutter contre les fantasmes d'invasion en se référant à l'ouverture de l'Europe au-delà du « rideau de fer » où, bien que des déplacements importants aient pu exister, des migrations massives ne se sont pas produites. Ensuite, l'ouverture des frontières favoriserait les allers-retours entre pays d'origine et d'installation comme entre la France et le Maroc ou l'Allemagne et la Turquie. La généralisation des circulations permettrait de faire disparaître les phénomènes de clandestinité et de concurrence déloyale entre travailleurs via des contrats d'embauche clairs et protecteurs. L'ouverture des frontières accroîtrait aussi les revenus envoyés vers les sociétés en développement tout en répondant aux besoins en main-d'œuvre des sociétés développées vieillissantes. Rappelons au passage que les envois de fonds par les personnes migrantes vers leur pays

1. Antoine Pécoud, et Paul de Guchteneire, (dir.), *Migration Without Borders: Essays on the Free Movement of People*, Oxford, Berghahn Books, 2007.

d'origine ont atteint en 2019 550 milliards de dollars, soit l'équivalent des investissements directs étrangers et plus que l'aide internationale au développement (de l'ordre de 200 milliards de dollars). Enfin, la fin de la militarisation des frontières permettrait aux appareils de sécurité de se réorganiser et de se focaliser sur d'autres moyens de lutte contre les menaces, moins spectaculaires. En Arizona, des tenants du parti démocrate insistent davantage sur la traque au financement des cartels de drogue et de la criminalité organisée que sur la militarisation de la frontière.

Le troisième projet cosmopolite met en avant les possibilités concrètes d'accueil et d'intégration des populations en migration. On peut compter, parmi elles, celles à l'œuvre par les réseaux internationaux de « villes accueillantes ». Par exemple, la Coalition internationale des villes inclusives et durables (ICCAR) correspond à une initiative lancée par l'UNESCO en 2004. Elle vise à échanger les bonnes pratiques dans les politiques municipales de lutte contre le racisme, la discrimination, la xénophobie et l'exclusion. D'autres réseaux comme l'Observatoire des villes inclusives valorise les bonnes pratiques dans l'accès au logement, à l'éducation et aux soins pour les populations migrantes. Les villes se positionnent de cette manière contre le tournant sécuritaire dans les politiques migratoires de leurs États. En Italie, en 2018, à la suite du maire de

Palerme, d'autres villes du pays se sont opposées à un décret du gouvernement obligeant les demandeurs à s'inscrire sur un registre d'état civil, ce qui présentait des risques de discrimination et de fichage. En France, ces projets d'accueil concernent aussi les territoires ruraux. Depuis le démantèlement de la « jungle » de Calais en 2016, le gouvernement procède à la dispersion des demandeurs d'asile et des réfugiés sur l'ensemble du territoire. Cette décision oblige des collectivités rurales à prendre en charge des populations précaires tout en les intégrant à la vie des campagnes ou zones périurbaines. Les nouveaux venus permettent de revitaliser des campagnes en déclin. Autant de mesures qui donnent corps à une politique d'accueil non dénuée de peur et de rejet.

Enfin, le quatrième projet cosmopolite perçoit dans la participation politique des immigrés un chantier de revitalisation de nos démocraties. L'inclusion des immigrés dans la communauté politique nationale doit permettre de réaménager des pans de notre vie démocratique. Cela passe par une solidarité des citoyens avec les mouvements des « sans-papiers », l'inclusion des immigrés dans des délibérations collectives à tous les niveaux et l'octroi du droit de vote pour tous. Il s'agit de repenser les conditions d'appartenance et de participation à nos communautés politiques et de faire émerger de nouveaux droits. Cela se traduit par l'élaboration d'une citoyenneté de résidence attachée à des droits politiques et sociaux, comme l'Union européenne l'a créée pour des ressortissants non citoyens des pays où ils résident. Cela passe par la lutte systématique contre les discriminations racistes et xénophobes, mais aussi contre les exclusions et abus sur le marché du travail pour parvenir à une égalité entre citoyens et immigrés. Cela amène également à repenser le cadre de la souveraineté populaire, au-delà de l'État. Un tel projet transforme donc la frontière « pour la mettre au service des hommes et la soumettre à leur contrôle collectif, en faire l'un des objets de leur "souveraineté", au lieu qu'elle ne serve essentiellement à les assujettir à des pouvoirs sur lesquels ils n'ont aucun contrôle, quand ce n'est pas purement et simplement à les réprimer[1] ». Cette inclusion revendiquée des immigrés permettrait de mettre fin à leur criminalisation et à leur enfermement, et ainsi étendre à tout individu, étranger ou citoyen, le droit à être protégé par un État dont il n'a pas la nationalité.

Cette nouvelle signification de la frontière, placée sous le signe de l'hospitalité et du cosmopolitisme, aurait mécaniquement pour conséquence l'abandon des murs.

1. Étienne Balibar, « Frontières du monde, frontières du politique », *Nous, citoyens d'Europe ?*, Paris, La Découverte, 2001, chap. 6, pp. 163-181.

Conclusion

Le mur comme échecs

> « Dans le ciel de la Vieille Ville un cerf-volant. Et au bout du fil, un enfant que je ne peux voir à cause du mur. Nous avons hissé beaucoup de drapeaux, ils ont hissé beaucoup de drapeaux. Pour nous faire croire qu'ils sont heureux. Pour leur faire croire que nous sommes heureux. »
>
> Yehouda Amiraï,
> *Frôler la grâce*, « Jérusalem », 2000

Les *peacelines* de Belfast offrent un vrai paradoxe. Elles se renforcent à l'*interface* (c'est leur nom aujourd'hui en anglais) entre quartiers catholiques et protestants alors que les violences ont largement diminué. Les *peacelines* ont été érigés à partir de 1969 par l'armée britannique comme « mesure temporaire » en guise de substitution des barricades locales lors des « troubles » entre loyalistes au maintien de l'Irlande du Nord dans le Royaume-Uni et républicains favorables à son rattachement à la République d'Irlande. Depuis 1998, les violences ont diminué mais l'espace urbain des banlieues de Belfast reste divisé. De 17 murs en 1998, on est passé à 41 en 2012[1]. Les murs peuvent prendre différentes formes, parfois très discrètes ou végétalisées. Ils remplissent plusieurs fonctions : marquage communautaire, prévention de la délinquance et de potentielles tensions, stabilisation spatiale des quartiers à l'heure du changement de populations et du dépeuplement de certains, lieu de tourisme politique et de mémoire autour des peintures murales les plus emblématiques des combattants des deux bords. Tout cela dans une ville où se développent un centre-ville attractif et un aménagement du port pour le tourisme.

En 2013, les autorités se fixaient pourtant l'objectif de démolir les murs à l'horizon 2023. Vœu pieux. L'enquête de 2021 auprès des résidents, menée par le Belfast Interface Project, estime que si 81 % des répondants aimeraient connaître des alternatives aux murs, 4 % seulement pensent que c'est réaliste. Ils évoquent des risques de tensions ou des actes de délinquance sans que la police puisse maintenir l'ordre. Ainsi, les murs existants comme à Short Strand, à l'est

1. Florine Ballif, « Les *peacelines* de Belfast : le provisoire qui dure », *Hermès, La Revue*, vol. 63, n° 2, 2012, pp. 116-119.

de Belfast, sont renforcés, aménagés, intégrés à l'espace urbain qui demeure bien blindé. La séparation continue donc dans les têtes, dans la mémoire du conflit, dans les sentiments d'insécurité et dans les disparités socio-économiques entre catholiques, protestants et nouveaux arrivants. Vingt-cinq ans après la fin des « troubles », les effets symboliques et mentaux des murs sont indéniables pour les habitants de Belfast, au point de conditionner leur navigation de la ville. Une paix négative en somme, puisque le travail de fond de pacification des relations entre communautés est toujours en chantier. La pacification passerait-elle par la fétichisation de ces mécanismes de séparation ?

Le mur, ce caméléon

Échec ou réussite ? Difficile à dire, tant il est difficile d'attribuer aux murs une fonction unique. Cet essai aura permis de démontrer la polymorphie des murs contemporains, loin de la simple lutte contre l'infiltration d'ennemis sur le territoire.

Le mur est certes, tout d'abord, un dispositif de sécurité, mais il est complexe, constitué d'un ensemble de pratiques de surveillance, de tactiques et de technologies, d'architectures qui le rendent visible dans l'espace. C'est un outil militaire qui s'inscrit dans des stratégies de défense face à un « ennemi » aux contours plus ou moins flous selon les situations : migrants clandestins, contrebandiers, terroristes, combattants, etc. Il requiert une expertise technique et un savoir-faire militaire et policier qui, désormais, circule d'une frontière à une autre, et dont il est possible de tracer la généalogie.

Toutefois, se focaliser sur la « barrière » visible et médiatisée, c'est oublier que le mur correspond aujourd'hui à des techniques de contrôle appuyées sur des technologies plus discrètes – comme la biométrie, l'interconnexion de bases de données informatiques et la surveillance numérisée à distance. C'est donc aussi un marché global où ces nouvelles technologies s'échangent, contribuant à homogénéiser le contrôle frontalier du XXIe siècle.

Réduire la frontière à une série d'obstacles est le propre du mur. Pourtant il se déploie surtout dans des espaces où les politiques frontalières font la part belle à ce qui traverse (marchandises, touristes, travailleurs migrants, argent, etc.). Dès lors, il faut aussi envisager le mur comme un filtre, soit une mesure politique distinguant les mobilités désirables de celles considérées comme indésirables. En d'autres termes, le mur contrôle tout en filtrant. C'est ce que donne à voir cet avatar du mur, le *checkpoint*, qui trie et instaure une inégalité dans la mobilité internationale, en fonction du passeport et des ressources de celui ou celle qui traverse.

Le mur parle aussi très directement à l'imaginaire de tout un chacun. Certains élus ont bien compris sa fonction de spectacle politique qui, selon un scénario répétitif, permet de mettre en scène l'autorité d'un décideur. Ce spectacle joue sur les peurs de troubles à l'ordre public, sur les angoisses identitaires liées aux migrations, sur les rapports de forces au sein des systèmes politiques qui s'emmurent. Il diffuse l'idée d'une « bataille frontalière » à mener, parfois en réponse à des chantages diplomatiques. Il est par conséquent dans l'intérêt électoraliste et professionnel de certains acteurs de l'inscrire en haut de leur agenda politique et militant.

C'est pourquoi des voix s'élèvent contre les murs, au nom de la défense des droits individuels et du droit d'asile, au nom de la solidarité avec les personnes en migration et selon une conception cosmopolite de notre monde. Partout, l'existence du mur génère des contournements, des résistances, de la subversion et de la contestation de la part des immigrés eux-mêmes et des citoyens solidaires avec eux. Ceux-ci dénoncent sans relâche leurs conséquences mortifères et attentatoires aux droits. Ce faisant, ils espèrent rappeler les États à leurs obligations juridiques et morales. En luttant, ils formulent d'autres imaginaires et récits dans un sens d'inclusion, d'hospitalité et de respect de la dignité humaine.

Cet essai ne s'est pas contenté de dresser une liste des fonctions remplies par les murs contemporains. Il a clairement pris le parti d'entrer dans les controverses et les intérêts contradictoires mobilisés au sein de la politique du mur. Celle-ci est en tension permanente entre ceux qui la justifient au nom d'une approche gestionnaire de menaces et de dangers potentiels, et ceux qui la critiquent comme n'étant qu'un spectacle politique, dommageable au commerce transfrontalier et attentatoire aux droits, et uniquement au service de l'enrichissement de quelques entreprises de sécurité et de défense. Entrer dans la politique du mur, c'est donc révéler en creux les contradictions des sociétés sur la manière d'articuler contrôle et circulation – enjeu, s'il en est, de notre XXIe siècle.

Échecs

Aussi rassurant que soit le mur pour ceux qu'il est censé protéger, il est malgré tout révélateur d'échecs, au pluriel. Échec à pacifier durablement les relations entre communautés politiques ou États séparés, tout d'abord. Pour définir la paix, le politiste norvégien Johan Galtung dissocie la paix négative (lorsque les violences visibles et directes sont jugulées) de la paix positive (lorsque les violences d'ordre culturel et structurel – la peur, la haine, les inégalités, les discriminations – sont prises en compte)[1]. Le mur agit par endroits sur les violences visibles. Il offre ainsi une illusion de sécurité en régulant les frictions, en repoussant la violence de l'autre côté. Pourtant, son existence génère des modalités de résistance et de contestation. Le mur ne s'attaque pas aux raisons des mobilités ou des violences. Pire, il alimente une rivalité mimétique[2] : la politique du mur caractérise les violences comme de l'irrationalité, de l'extériorité, du fanatisme, de la barbarie, sans voir que le mur est aussi un outil d'entretien des dominations et d'aveuglement sur ce qui se passe de l'autre côté. L'attaque terroriste du 7 octobre 2023 menée par le Hamas contre des militaires et civils israéliens en a fourni l'illustration de la plus effroyable des manières. Contraindre au nom de la lutte antiterroriste les Palestiniens à passer par des *checkpoints* ou à escalader le mur pour travailler ne résout en rien le problème politique majeur entre Israéliens et Palestiniens – à savoir la revendication de projets politiques concurrents sur un même territoire. Si, pour les Israéliens, la politique du mur depuis 2002 permit de repousser de « l'autre côté » la violence, ou donner cette illusion de séparation, pour les Palestiniens le mur est vécu comme un

1. Johan Galtung, « Violence, Peace, and Peace Research » *Journal of Peace Research*, vol. 6, n° 3, 1969, pp. 167-191.

2. René Girard, *Achever Clausewitz*, Paris, Carnets Nord, 2007.

nouvel outil d'occupation, donc de domination politique et militaire. Vingt ans après sa construction, le mur a certes pu contraindre les déplacements des Palestiniens et rassurer les Israéliens, mais il n'a pas de prise sur le choix de recourir à la violence. Selon cette perspective, le 7 octobre 2023 marque l'échec d'une politique de sécurité, qui n'a en rien empêché la radicalisation des positions israéliennes et palestiniennes. De manière générale, le mur annihile, par la surenchère sécuritaire qu'il instaure, toute tentative de négociation et de conciliation. Loin de pacifier les relations, le mur est bel et bien un outil qui alimente la défiance et la conflictualité.

Le mur et les récits politiques qui le justifient sont issus de gestes unilatéraux, signant l'échec à penser la relation à l'Autre. Ils oublient la relation aux voisins, aux personnes en migration tout en offrant, par cette réponse militaire, une illusion d'isolement et de domination. Le mur n'est pourtant pas un signe de victoire militaire : il n'ôte pas la capacité d'action à la partie entravée ni ne supprime les discours critiques sur ses propres agissements militaires, migratoires ou diplomatiques. Le mur consacre l'échec de la conciliation bilatérale ou multilatérale sur des enjeux qui dépassent les seules frontières d'un État. En cela, l'emmurement du monde interroge nécessairement la crise du multilatéralisme contemporain[1], notamment des mécanismes de sécurité collective (onusien en particulier) et des valeurs libérales, comme le respect des droits humains, du droit international et d'asile par les États. On le voit dans les cas de disputes frontalières autour de la Russie, en Israël-Palestine, au Sahara occidental, entre l'Inde et le Pakistan, etc. Les instances et pratiques multilatérales, ainsi que le droit international, sont à la peine. Qu'elles soient européennes ou onusiennes, les enceintes multilatérales permettent toutefois de produire des régulations sur des « risques globaux » comme la migration. Leur mise en application fait défaut. Il est donc bien question, là où les murs sont bâtis, de l'incapacité des États à appliquer des régulations collectives. Pire, les mécanismes d'asile élaborés dans l'après-Seconde Guerre mondiale sont à présent détricotés, petit à petit, par nombre d'États.

Enfin, les politiques du mur consacrent l'échec à saisir le rapport conflictuel entre société et État dans de nombreux régimes emmurés. La thèse du mur comme symptôme du déclin de la souveraineté étatique a été beaucoup avancée. Le mur permettrait ainsi aux acteurs étatiques de démontrer leur pertinence

1. Julian Fernandez et Jean-Vincent Holeindre (dir.), *Nations désunies ? La crise du multilatéralisme dans les relations internationales*, Paris, CNRS Éditions, 2022.

et leur autorité à contrôler les flux de la mondialisation, autorité qu'ils auraient perdue ces dernières décennies. Force est de constater que la souveraineté étatique n'est pas en déclin. Elle n'a pas disparu ni ne s'est éteinte. Les murs, et la mise en scène qu'ils impliquent, renvoient plutôt aux mutations contemporaines des États. Ils mettent en question leur capacité à agir sur les conflits, les migrations, les enjeux globaux, à gérer des flux alimentés par la globalisation (déplacement de main-d'œuvre, inégalités Nord/Sud, dérégulation). Se pose la question du devenir des États[1], moins enclins à contraindre (ou à planifier) l'activité économique et arc-boutés sur le domaine régalien, la défense et la sécurité. C'est à cette aune qu'il faut aussi comprendre les politiques de mur. À défaut de vouloir ou pouvoir maîtriser les différents flux (humains, marchands, financiers) de notre monde, les États semblent miser à outrance sur le contrôle, à grand renfort de communication publique. Autrement dit, les murs ne sont pas un signe de déclin ou de la non-pertinence de la souveraineté étatique mais bien le symptôme de sa difficulté à offrir une réponse politique adaptée à des enjeux sociaux et économiques globalisés.

1. Béatrice Hibou, *La Bureaucratisation néolibérale*, Paris, La Découverte, 2013.

Vers de nouveaux imaginaires ?

Entre les tenants de murs jugés utiles contre les violences, et ceux qui, au contraire, jugent qu'ils sont avant tout performatifs, la politique du mur réunit les dangers en même temps qu'elle exploite les peurs de ces dangers. À cheval entre matérialité et représentations, choisir de s'emmurer, c'est inévitablement se demander : « Pourquoi donc le faire ? »

Le mur interroge inlassablement nos imaginaires géopolitiques et les représentations que nous avons du territoire, du monde et de l'autorité politique. La politique du mur prolifère sur un imaginaire classique s'accrochant à la frontière comme lieu symbolique d'expression de l'État, où est projeté un récit simpliste (« le mur contre les barbares ») pour aborder des problèmes en fait complexes et multidimensionnels. La frontière devient alors un référent sacré de ce qui nous définit et nous différencie des Autres.

Vouloir penser en dehors de ce récit, c'est ouvrir la boîte de Pandore de la fabrique des identités nationales via le rapport à la citoyenneté et à la migration. C'est aussi questionner ce que nous attendons de l'État, des élus et des professionnels de la sécurité. C'est enfin désacraliser la frontière pour en faire davantage un lieu quotidien de circulation, de rencontre et de découverte de l'Autre.

L'actualité récente peut permettre de faire ce pas de côté. Le Brexit, le Covid-19 et la crise énergétique amplifiée par l'invasion russe de l'Ukraine ont tous trois apporté un autre imaginaire que celui de la « crise des réfugiés de 2015 » ou des épisodes d'action terroriste en Europe en 2015-2017. Ces trois événements ont mis dans la balance le fait que les frontières n'étaient pas que destinées à être des remparts face aux menaces extérieures (migrations, virus, invasion). Une autre grammaire, celle de l'interdépendance des sociétés et des économies a été tantôt revalorisée ou tantôt dénoncée. Le Brexit tout comme le Covid-19 ont montré que nous étions dépendants d'une main-d'œuvre étrangère, que nous avions impérativement besoin d'organiser des mobilités internationales considérées comme essentielles pour les pays de départ comme d'arrivée. La guerre en Ukraine, par ricochet, a montré que nous pouvions mettre en œuvre l'accueil de plusieurs millions de personnes de manière multilatérale dans un cadre européen, lorsque la volonté politique se manifeste. Elle a aussi questionné nos approvisionnements énergétiques et nos dépendances. Quant au changement de paramètres à l'œuvre dans le conflit israélo-palestinien, le constat qui pourrait aussi prévaloir tant à Tel Aviv qu'à Naplouse, c'est le besoin de mettre un terme à des relations essentiellement fondées sur la violence et la domination, et la nécessité qu'émerge un autre paradigme basé sur l'humanisation et la reconnaissance de l'Autre, pour assurer la coexistence des deux peuples.

Ces épisodes montrent bien que le mur est rarement la solution, que les politiques frontalières et migratoires méritent d'être davantage débattues. Par conséquent, il est impératif de sortir les enjeux migratoires et frontaliers de la seule rhétorique guerrière, xénophobe et sécuritaire, de les aborder à l'aune de ce qui nous relie au reste du monde, et donc à politiser les choix collectifs de sécurité frontalière. Cela exige d'exercer une vigilance citoyenne constante vis-à-vis du récit du mur et de ceux qui le portent et promettent des jours heureux grâce à l'emmurement et au repli sur soi. Car force est de constater qu'ils ont tort.

Pantin, le 28 juin 2024

Remerciements

Pour m'aider à sortir la tête du mur, quinze volontaires ont accepté de participer à des lectures à haute voix de l'essai, librement inspirées de la technique du « gueuloir » de Gustave Flaubert. La clarté du propos leur est, en grande partie, redevable. Merci donc à Antoine, Benoît, Claire, Federico, Gildas, Guillaume B., Guillaume V., Joan, Laurent, Ludovic, Mélanie, Nikhil, Rémi, Sébastien et Victor. Merci également à Marie-Christine pour avoir traqué les fautes. Remerciements à Mélie Chen et aux éditions Stock pour avoir soutenu ce projet.

Table des matières

Pour aller plus loin – Conseils bibliographiques

Entrer dans la thématique des murs frontaliers d'aujourd'hui, c'est tirer plusieurs fils sur la migration, les frontières et la sécurité internationale. Voici quelques suggestions, non exhaustives, d'ouvrages en français et en anglais.

- Pour saisir l'obsession contemporaine du contrôle migratoire :

Karen Akoka, *L'Asile et l'Exil : une histoire de la distinction réfugiés/migrants*, Paris, La Découverte, 2020

Anne-Laure Amilhat Szary, *Géopolitique des frontières : découper la terre, imposer une vision du monde*, Paris, Le Cavalier Bleu, 2020.

Andréanne Bissonnette et Élisabeth Vallet (dir.), *Borders and Border Walls: In-Security, Symbolism, Vulnerabilities*, Londres, Routledge, 2020.

Wendy Brown, *Murs : les murs de séparation et le déclin de la souveraineté étatique*, traduit de l'anglais (États-Unis) par Nicolas Vieillescazes, Paris, Les Prairies Ordinaires, 2009.

Emmanuel Brunet-Jailly, *Border Disputes: A Global Encyclopedia*, Santa Barbara, ABC-CLIO, 2015, (3 volumes).

Michel Foucher, *L'Obsession des frontières*, Paris, Perrin, 2007.

François Héran, *Immigration : le grand déni*, Paris, Seuil, 2023.

Reece Jones, *La Violence des frontières : les réfugiés et le droit de circuler*, traduit par G. Festa, Paris, Éliott, 2022.

Annalisa Lendaro (dir.), *Gouverner les exilés aux frontières : pouvoir discrétionnaire et résistances*, Vulaines-sur-Seine, Éditions du Croquant, 2024.

Damien Simonneau, *L'Obsession du mur : politique de militarisation des frontières en Israël et aux États-Unis*, Peter Lang, 2020.

- Pour appréhender différents cas de murs à travers le monde :

Peter Andreas, *Border Games: Policing the US-Mexico Divide*, Cornell University Press, 2012.

Sébastien Colin, *La Chine et ses frontières*, Paris, Armand Colin, 2011.

Karine Côté-Boucher, *Border Frictions: Gender, Generation and Technology on the Frontline*, Abingdon, Routledge, 2020.

Nora El-Qadim, *Le Gouvernement asymétrique des migrations : Maroc/Union européenne*, Paris, Dalloz, 2015.

Jane Freedman et al. (dir), *The Gender of Borders: Embodied Narratives of Migration, Violence and Agency*, Taylor & Francis, 2023.

Philippe M. Frowd, *Security at the Borders: Transnational Practices and Technologies in West Africa*, Cambridge University Press, 2018.

Stéphanie Latte Abdallah et Cédric Parizot (dir.), *Israël/Palestine : l'illusion de la séparation*, Aix-en-Provence, PUP, 2017.

Christian Leuprecht, Hataley Todd et Emmanuel Brunet-Jailly (dir.), *Patterns in Border Security: Regional Comparisons*, Routledge, 2022.

Sylvie Mazzella, et Delphine Perrin (dir.), *Frontières, sociétés et droit en mouvement : dynamiques et politiques migratoires de l'Europe au Sahel*, IRD, 2019.

Daniel Meier (dir.), *Bordering the Middle East*, Routledge, 2020.

Todd Miller, *Empire of Borders: the Expansion of the US Border Around the World*, Verso Books, 2019.

Sabine von Löwis, et Beate Eschment (dir.), *Post-Soviet Borders: a Kaleidoscope of Shifting Lives and Lands*, Taylor & Francis, 2022.

- <u>Pour aborder les liens entre murs et capitalisme :</u>

Mark Akkerman, *The Business of Building Walls*, Transnational Institute, rapport de 2019.

Deborah Cowen, *The Deadly Life of Logistics: Mapping Violence in Global Trade*, University of Minnesota Press, 2014.

Thomas Gammeltoft-Hansen et Ninna Nyberg Sørensen (dir.), *The Migration Industry and the Commercialization of International Migration*, Londres, Routledge, 2013.

Federica Infantino, *Outsourcing Border Control: Politics and Practice of Contracted Visa Policy in Morocco*, New York, Palgrave Pivot, 2017.

Marc Levinson, *The Box : comment le conteneur a changé le monde*, Max Milo, 2011.

Sandro Mezzadra et Brett Neilson, *Border as Method, or, the Multiplication of Labor*, Duke University Press, 2013.

Daniel Véron, *Le Travail migrant, l'autre délocalisation*, Paris, La Dispute, 2024.

- Pour aborder le rôle des défenseurs de la liberté de circulation :

Michel Agier et Babels (coll.), *Hospitalité en France : Mobilisations intimes et politiques*, Paris, Le Passager clandestin, coll. Bibliothèque des frontières, 2019.

Isabelle Coutant, *Les Migrants en bas de chez soi*, Paris, Seuil, 2018.

Martin Deleixhe, *Aux bords de la démocratie : contrôle des frontières et politique de l'hospitalité*, Paris, Classiques Garnier, coll. PolitiqueS, 2016.

Donnatella Della Porta (dir.), *Solidarity Mobilizations During the "Refugee Crisis": Contentious Moves*, Londres, Palgrave Macmillan, 2018.

Nicolas Fischer, *Le Territoire de l'expulsion : la rétention administrative des étrangers et l'état de droit dans la France contemporaine*, Lyon, ENS Éditions, coll. Gouvernement en question(s), 2017.

Stéphane Le Courant, *Vivre sous la menace : les sans-papiers et l'État*, Paris, Seuil, coll. La Couleur des idées, 2022.

Pierre Monforte, *Europeanizing Contention : the Protest Against "Fortress Europe" in France and Germany*, Oxford, Berghahn Books, 2014.

Polly Pallister-Wilkins, *Humanitarian Borders: Unequal Mobility and Saving Lives*, Verso Books, 2022.

- Pour entrer dans l'esthétique des murs et sa subversion :

Elisa Ganivet, *Esthétique du mur géopolitique*, Presses de l'Université du Québec, 2015.

Clémence Lehec, *Sur les murs de Palestine : filmer les graffitis aux frontières de Dheisheh*, MetisPresses, coll. vuesDensemble, 2020.

DANS LA MÊME COLLECTION

Marcel Gauchet, La Condition historique, *2003.*
Yves Michaud, L'Art à l'état gazeux, *2003.*
Paul Ricœur, Parcours de la reconnaissance, *2004.*
Jean Lacouture, La Rumeur d'Aquitaine, *2004.*
Nicolas Offenstadt (dir.), Le Chemin des Dames, *2004.*
Olivier Roy, La Laïcité face à l'islam, *2005.*
Alain Renault et Alain Touraine, Un débat sur la laïcité, *2005.*
Marcela Iacub, Bêtes et victimes et autres chroniques de *Libération*, *2005.*
Didier Epelbaum, Pas un mot, pas une ligne ? 1944-1994 : des camps de la mort au génocide rwandais, *2005.*
Henri Atlan et Roger-Pol Droit, Chemins qui mènent ailleurs : dialogues philosophiques, *2005.*
René Rémond, Quand l'État se mêle de l'Histoire, *2006.*
David E. Murphy, Ce que savait Staline, *traduit de l'anglais (États-Unis) par Jean-François Séné, 2006.*
Ludivine Thiaw-Po-Une (dir.), Questions d'éthique contemporaine, *2006.*
François Heisbourg, L'Épaisseur du monde, *2007.*
Luc Boltanski, Elisabeth Claverie, Nicolas Offenstadt et Stéphane Van Damme (dir.), Affaires, scandales et grandes causes : de Socrate à Pinochet, *2007.*
Axel Kahn et Christian Godin, L'Homme, le Bien, le Mal, *2008.*
Philippe Oriol, L'Histoire de l'affaire Dreyfus, t. I : l'affaire du capitaine Dreyfus (1894-1897), *2007.*
Marie-Claude Blais, Marcel Gauchet et Dominique Ottavi, Conditions de l'éducation, *2008.*
François Taillandier et Jean-Marc Bastière, Ce n'est pas la pire des religions, *2009.*
Hannah Arendt et Mary McCarthy, Correspondance, 1949-1975, *2009.*
Didier Epelbaum, Obéir : les déshonneurs du capitaine Vieux, Drancy 1941-1944, *2009.*

Béatrice Durand, La Nouvelle Idéologie française, *2010.*
Zaki Laïdi, Le Monde selon Obama, *2010.*
Bérénice Levet, Le Musée imaginaire d'Hannah Arendt, *2011.*
Simon Epstein, 1930, une année dans l'histoire du peuple juif, *2011.*
Alain Renaut, Un monde juste est-il possible ?, *2013.*
Yves Michaud, Le Nouveau Luxe : expérience, arrogance, authenticité, *2013.*
Nicolas Offenstadt, En place publique : Jean de Gascogne, crieur au XVe siècle, *2013.*
François Heisbourg, La Fin du rêve européen, *2013.*
Axel Kahn, L'Homme, le Libéralisme et le Bien commun, *2013.*
Marie-Claude Blais, Marcel Gauchet et Dominique Ottavi, Transmettre, apprendre, *2014.*
Thomas Bouchet, Les Fruits défendus : socialismes et sensualité du XIXe siècle à nos jours, *2014.*
Olivier Rey, Une question de taille, *2014.*
Didier Epelbaum, Des hommes vraiment ordinaires ? Les bourreaux génocidaires, *2015.*
François Heisbourg, Secrètes histoires : la naissance du monde moderne, *2015.*
Marcel Gauchet, avec Éric Conan et François Azouvi, Comprendre le malheur français, *2016.*
Yves Michaud, Contre la bienveillance, *2016.*
Axel Kahn, Être humain, pleinement, *2016.*
Marcela Iacub, La Fin du couple, *2016.*
Olivier Rey, Quand le monde s'est fait nombre, *2016.*
Guillaume Bachelay, La Politique sauvée par les livres, *2016.*
Bérénice Levet, Le Crépuscule des idoles progressistes, *2017.*
Pierre Haski, Le Droit au bonheur, *2017.*
Sylvie Bermann, La Chine en eaux profondes, *2017.*
Paul Yonnet, Zone de mort, *2017.*
François Dosse, Le Philosophe et le Président : Ricœur et Macron, *2017.*
Annie Le Brun, Ce qui n'a pas de prix : beauté, laideur et politique, *2018.*

Nicolas Offenstadt, Le Pays disparu : sur les traces de la RDA, *2018.*

Mark Lilla, La Gauche identitaire, *2018.*

Geoffroy de Lagasnerie et Assa Traoré, Le Combat Adama, *2019.*

Ece Temelkuran, Comment conduire un pays à sa perte, *2019.*

Marion Van Renterghem, Mon Europe, je t'aime moi non plus, *2019.*

Souleymane Bachir Diagne et Rémi Brague, La Controverse : dialogue sur l'islam, *Stock/Philosophie Magazine Éditeur, 2019.*

Clément Rosset et Alexandre Lacroix, La joie est plus profonde que la tristesse, *Stock/Philosophie Magazine Éditeur, 2019.*

Marie Cosnay et Mathieu Potte-Bonneville, Voir venir : écrire l'hospitalité, *2019.*

Jean-Pierre Rioux, Gouverner au centre, *2020.*

Sylvie Bermann, Goodbye Britannia, *2021.*

Jean-Pierre Le Goff, La Société malade, *2021.*

Annie Le Brun et Juri Armanda, Ceci tuera cela : image, regard et capital, *2021.*

Axel Kahn, Et le bien dans tout ça ?, *2021.*

Sophie Makariou, Le Partage d'Orient, *2021.*

Marcel Gauchet avec Éric Conan et François Azouvi, Macron, les leçons d'un échec : comprendre le malheur français, t. II, *2021.*

Olivier Rey, Réparer l'eau, *2021.*

Clémence Boulouque, Nos apocalypses : ce qui nous lie quand le mal nous frappe, *2022.*

Illana Weizman, Des Blancs comme les autres ? Les Juifs, angle mort de l'antiracisme, *2022.*

Camille Froidevaux-Metterie, Un si gros ventre : expériences vécues du corps enceint, *« Immersions », Stock/Philosophie Magazine Éditeur, 2023.*

Marwan Mohammed, « Y a embrouille » : sociologie des rivalités de quartier, *2023.*

Juliette Ferry-Danini, Pilules roses : de l'ignorance en médecine, *2023.*

Cet ouvrage a été composé
par PCA
et achevé d'imprimer en France
par CPI BUSSIÈRE (18200 Saint-Amand-Montrond)
pour le compte des Éditions Stock
21, rue du Montparnasse, 75006 Paris
en août 2024

PAPIER CERTIFIÉ

Stock s'engage pour l'environnement en réduisant l'empreinte carbone de ses livres. Celle de cet exemplaire est de :
650 g éq. CO_2
Rendez-vous sur www.editions-stock-durable.fr

Imprimé en France

Dépôt légal : septembre 2024
N° d'édition : 01 - N° d'impression : 2079919
13-07-7123/9